100 activités autour de l'eau

pour relaxer et éveiller bébé

À mes enfants, Anaël et Léonie.
P. A.

25, avenue Pierre-de-Coubertin, 75013 Paris

ISBN : 978-2-09-278777-9

N° d'éditeur : 10215801 – Dépôt légal : février 2016.

Achevé d'imprimer en France par Clerc (18200 Saint-Amand-Montrond) en février 2016.

Grandir avec Nathan
grandiravecnathan.com

100 activités autour de l'eau

pour relaxer et éveiller bébé

texte

Perrine Alliod

photographies

Anne-Sophie Bost

Nathan

Préface

Par Françoise Freedman*

« L'eau, sous toutes ses formes, nous reconnecte à la nature lorsque nous devenons parents ou grands-parents. Nous regardons avec fascination le plaisir et la concentration insouciante des tout-petits alors qu'ils pataugent dans leur bain ou à la plage, qu'ils tapent de leurs pieds dans chaque flaque d'eau ou qu'ils transvasent inlassablement le liquide *via* des ustensiles de cuisine.
Ce sont ces moments si précieux de la première enfance qui sont recréés dans le livre charmant et habilement conçu de Perrine Alliod, par le biais d'activités d'éveil aquatique adaptées à nos vies urbaines. Chaque page ouvre une nouvelle perspective sur les possibilités qu'apporte l'eau comme élément vital pour nous relaxer. Mais aussi pour partager avec émerveillement les découvertes sensorielles, motrices et conceptuelles de nos enfants au fil de leur développement, depuis la vie fœtale jusqu'à quatre ans ou plus. Les activités sont décrites avec une simplicité de style qui nous invite à les entreprendre sans douter un instant de nos capacités à les exécuter facilement. En illustration, les photos d'Anne-Sophie Bost nous charment et nous inspirent. Bien au-delà d'une simple compilation de ressources, les

espaces qui semblaient dissociés entre la piscine, la maison et la récréation à l'extérieur s'unifient autour de l'eau. Perrine Alliod nous ouvre l'univers ludique et enchanté des bébés et petits enfants et nous invite à nous y joindre tout en nous guidant.
Ce livre plein d'amour reflète les découvertes scientifiques récentes, qui démontrent l'importance de la sécurité affective à travers la communication consciente avec nos enfants dès avant la naissance, comme source d'équilibre pour le futur. Dans nos environnements saturés de stimulations et de distractions électroniques, quel plaisir d'apprécier les facettes multiples de la sensorialité de l'eau !
Avec 100 idées géniales, ce petit livre nous laisse sans excuses pour accompagner nos enfants dans leur (notre) exploration de l'eau, essence de notre planète bleue et de nos corps humains. »

*Françoise Freedman est maman de quatre enfants et anthropologiste médicale à l'université de Cambridge, professeur de yoga et thérapeute. Au détour de longues périodes de travail sur le terrain en Amazonie péruvienne, Françoise s'est inspirée de l'approche douce à la parentalité de ses hôtes amazoniens. Elle a fondé l'association Birthlight, dont le but est de promouvoir à travers le yoga, sur terre et dans l'eau, une approche sensible de la grossesse, de la naissance et des soins aux bébés.

Sommaire

Dans la nature

Dans la piscine

Introduction

L'eau, source de vie

L'eau représente 75 % de la surface de la planète et constitue 80 % de notre corps. Elle est indispensable à la vie végétale, animale et minérale.
L'eau est un élément vital qui donne l'énergie, qui lave, qui arrose.
L'eau, c'est également le retour aux sources, à la naissance, à la vie intra-utérine.
L'eau est bien souvent synonyme de plaisir, de bien-être, de détente, de jeux, d'espace, d'enveloppement, de caresse, de liberté et de découvertes. Elle est à la fois stimulante et relaxante, elle facilite le mouvement, les gestes et la créativité. Elle permet également d'appréhender la transformation, l'apesanteur, la verticalité, la profondeur et l'équilibre.

Enfants et eau : les bienfaits

Proposer des activités avec l'eau à son enfant, c'est l'ouvrir à un champ d'expériences et de découvertes particulièrement riche et vaste. Grâce à ses propriétés physiques, l'élément liquide offre des d'expériences motrices et sensorielles adaptées, dès le plus jeune âge.

Tout au long des activités autour de l'eau, nous nous attacherons à faciliter à l'enfant l'accès à cet environnement, à l'aider à en découvrir les multiples possibilités et à lui laisser le temps de les exploiter. C'est à une véritable éducation sensorimotrice que nous l'invitons ainsi.

Plaisirs et découvertes

Les tout-petits ont besoin d'occasions variées de s'adonner à divers types de jeux, à l'intérieur comme en plein air.
Au cours de ces activités, la priorité sera donnée à la notion de plaisir. L'on s'efforcera toujours de créer un climat de détente et de grande sécurité affective pour l'enfant. Dans ce milieu parfois différent du quotidien, des relations particulières entre parents et enfant peuvent s'établir : ce dernier bénéficie de l'attention, de la disponibilité des adultes qui, eux-mêmes, découvrent ses besoins, ses réactions et suivent son évolution face à une situation nouvelle.
Ces activités participent également au développement psychologique de l'enfant et à son éveil à la socialisation. Il va prendre conscience du monde qui l'entoure, va pouvoir participer à la vie quotidienne, à apprendre à prendre soin de lui et de son environnement.

Comment lire et utiliser ce livre ?

Ce livre propose des activités autour de l'eau sous toutes ses formes.

Je vous propose de le parcourir dans son intégralité afin de prendre connaissance de ses différentes possibilités d'exploitation, avant de revenir spécifiquement sur telle ou telle partie.

Pour des raisons pratiques, j'ai employé le terme « votre bébé/votre enfant », sachant qu'il englobe le père, la mère, comme les beaux-parents, les grands-parents, et plus généralement tous les adultes proches de l'enfant.

Vous remarquerez que l'âge n'est pas indiqué. Il est important de respecter le rythme de chaque enfant. Il a besoin de pouvoir apprendre au bon moment et de prendre du plaisir. C'est en observant votre bébé que vous allez repérer quelle activité va répondre à ses besoins et à ses capacités et satisfaire sa curiosité. Au fil du temps, vous pourrez adapter ces idées à votre enfant, et inclure dans le jeu ses frères et sœurs. Suivez ses envies. Soyez patient, rendez-vous disponible, prenez du plaisir ensemble, accompagnez votre enfant avec amour et bienveillance.

Quelques règles de sécurité...

- Ne laissez jamais votre bébé ou votre enfant seul sans surveillance, même dans quelques centimètres d'eau.
- Ne laissez pas un enfant être responsable de son frère ou de sa sœur.

- Vérifiez toujours la température de l'eau. Celle-ci doit être comprise entre 32 et 37 °C.
- Votre bébé a la peau fragile. Attention à ce qu'il ne se brûle pas, même avec un glaçon.
- Un enfant porte les choses à la bouche : vérifiez la taille des glaçons pour ne pas qu'il les avale.
- Demandez l'aval à votre médecin avant d'aller à la piscine.
- Attention à ne pas glisser, essuyez bien le sol et soyez prudent.
- Faites-vous aider si besoin pour entrer dans l'eau et en sortir en toute sécurité.
- Prévoyez le nécessaire pour que votre enfant n'ait pas froid quand il sort de l'eau.
- Un bain peut durer de quelques minutes à une demi-heure au maximum.
- Si votre enfant joue dehors, vérifiez que rien ne peut le blesser ou le piquer.
- Rendez-vous 100 % disponible pour votre enfant tout le temps de l'activité.
- Comme l'enfant va brûler beaucoup de calories, il est nécessaire de le nourrir avant la séance et de prévoir une collation après, afin de prévenir tout risque d'hypoglycémie.
- Pensez aussi à prendre soin de vous !

À ne pas oublier...

L'eau est une denrée rare. Pensez à ne pas la gaspiller en la laissant couler inutilement et à la recycler.

Dans le ventre de maman

1

Massage sonore aquatique

Dès le deuxième mois de gestation, votre bébé est capable de percevoir les sons à travers la peau, grâce aux vibrations du liquide amniotique, qui opèrent un « massage sonore ». Prenez contact avec votre enfant en posant délicatement vos mains sur votre ventre. Chantez-lui une chanson, parlez-lui, dites-lui que vous l'attendez, ou que vous l'aimez, laissez-vous guider par votre cœur et vos émotions. Le bébé perçoit également la voix grave de son papa. Laissez-vous porter, bercer par les bras contenant de votre conjoint ou, si vous êtes seule, laissez-vous flotter, masser et caresser par les mouvements de l'eau, soutenue ou non par une frite sous les bras et les jambes. Remarquez-vous que, dans cette position, vous vivez les mêmes sensations que votre bébé actuellement niché dans votre ventre ? Aux alentours du 5e mois, votre bébé viendra certainement se nicher sous vos mains pour vous faire un câlin, ou vous donner un petit coup pour vous indiquer qu'il a bien reçu votre message.

2

Toucher affectif aquatique

Dès la grossesse, vous pouvez rencontrer votre bébé, communiquer et tisser des liens de tendresse avec lui. Installez-vous confortablement, allongée ou assise, votre tête posée dans le cou de votre conjoint, le corps relâché et votre bassin orienté vers l'avant.
Le futur papa pose délicatement ses mains sur votre ventre. Posez les vôtres par-dessus les siennes, sans serrer le poing, comme si vous conteniez tous les deux un objet rond précieux.
Avec la paume, appuyez tout doucement sur l'un des côtés du giron maternel. Votre bébé viendra certainement s'y loger après quelques instants !

Astuce

Quand vous serez bien exercés et saurez situer votre bébé, vous pourrez l'appeler sur le côté opposé pour le faire revenir : un jeu plein d'amour, de tendresse et de bienveillance.

3

Aqua yoga : déhanchement et cercle

Vivez l'expérience de l'aqua yoga prénatal : l'eau entoure le corps d'une enveloppe protectrice et le délivre de la pesanteur. Elle permet de pratiquer sans risque des étirements et des respirations, très efficaces pour soulager les petits maux durant la grossesse et ouvrir son corps en prévision de la naissance. L'aqua yoga initie à l'écoute de soi-même, associant les domaines physique, psychique et affectif. Les mouvements sont adaptés du yoga classique à l'élément liquide. Les déhanchements et cercles aident à ouvrir les hanches, tout en allongeant la colonne vertébrale.

Debout face au mur, les mains sur le rebord du bassin, les pieds au sol à la largeur des hanches, pliez légèrement les genoux et balancez vos hanches de droite à gauche. Trouvez un rythme respiratoire énergisant. Répétez plusieurs fois ce mouvement puis, petit à petit, augmentez l'amplitude jusqu'à faire des cercles complet dans un sens, puis dans l'autre. Respirez de façon régulière pour bien oxygéner votre enfant et appréciez le massage de l'eau et des bercements.

4

Ouverture des hanches

Après avoir bien relâché le bas du dos, avec les déhanchements et les cercles, vous pourrez davantage étirer les ligaments et les muscles du bassin. La progéstérone et la relaxine, deux hormones produites pendant la grossesse, rendent vos articulations plus souples. Ce qui vous permet de vous étirer dans l'eau sans risquer de vous blesser.
Dans la même position que la précédente face au mur, baissez-vous dans l'eau et placez vos pieds contre la paroi du mur, genous pliés. Ouvrez largement les jambes. Basculez votre bassin vers l'arrière en tendant les bras et les jambes, puis balancez-le vers l'avant en revenant dans la position initiale. Répétez plusieurs fois le mouvement en trouvant le rythme respiratoire qui vous convient.

Astuce

Ajoutez des exercices pour le plancher pelvien. Inspirez, contractez le périnée vers l'arrière et relachez-le quand vous revenez vers l'avant.

5

Le papillon flottant

Voici votre premier « asana » : ce mot sanskrit désigne une posture physique, souvent dérivée de la façon dont les êtres vivants prennent soin d'eux-mêmes dans la nature. Dans l'eau, on parlera de « tortue d'eau », de « dauphin en plongée » ou encore de « posture de l'arbre flottant ». Les asanas ont de puissants effets sur le corps et l'esprit.

Soutenue par une frite placée sous vos bras, une autre sous les genoux, placez vos plantes de pied l'une contre l'autre et ouvrez largement les genoux. Vos bras reposent des deux côtés sur la frite. Dans cette posture flottante, relâchez-vous complètement et pratiquez des respirations abdominales profondes. Cette posture très relaxante permet d'ouvrir les hanches et de faire de la place à votre bébé.

6

L'arbre flottant

L'arbre est une posture classique du yoga, qui permet un alignement de tout le corps et apporte à la fois énergie et calme. Debout dans l'eau, tenez la frite derrière vous. Étendez-vous sur le dos, la frite placée sous vos fesses. Tendez les bras en arrière, paume contre paume, puis pliez une jambe en plaçant votre pied le plus haut possible sur la jambe opposée. Respirez tranquillement pendant quelques minutes, puis changez de jambe.

Variante

Vous pouvez également placer une frite sous votre tête ou sous vos aisselles pour vous soutenir. Si vous êtes une nageuse aguerrie, nul besoin d'utiliser des accessoires. À vous de vous sentir le plus à l'aise possible afin de profiter au maximum de la posture.

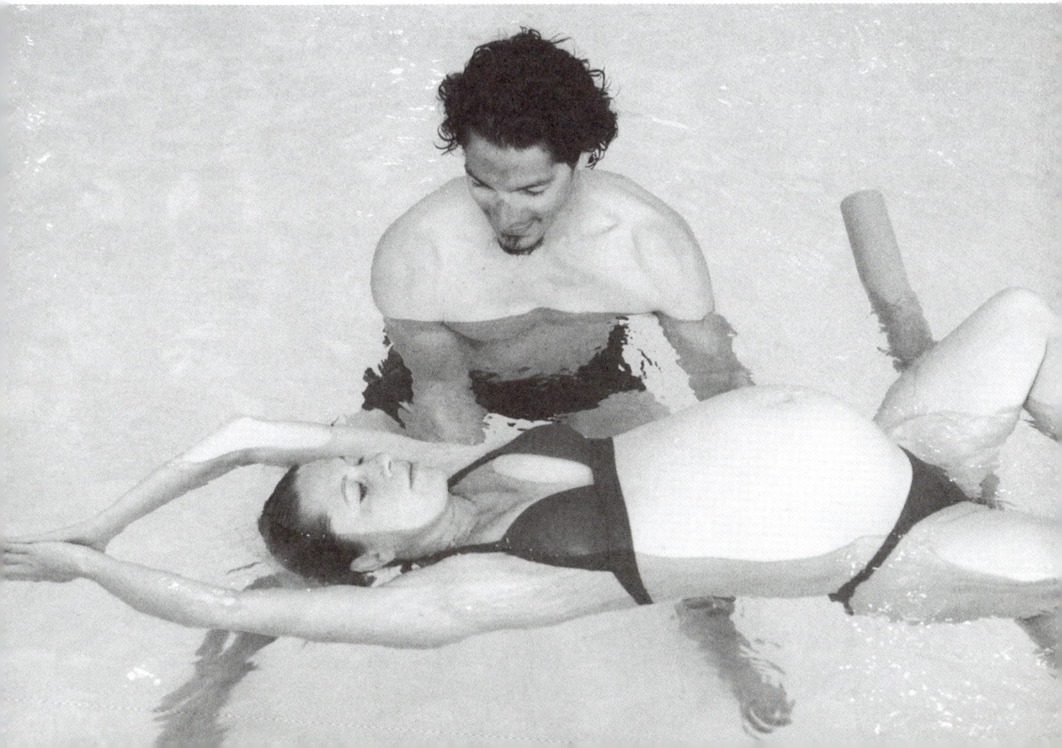

7

Respiration aquatique

Place au « pranayama », ce qui signifie contrôler et réguler délibérément et consciemment sa respiration. Dans une position confortable et appropriée à la profondeur de la piscine, immergez-vous de sorte que votre bouche soit dans l'eau et votre nez juste au-dessus. Adossez-vous contre un mur et fléchissez les jambes, comme si vous vouliez vous asseoir sur une chaise imaginaire. Vos bras peuvent être soutenus par une frite ou une planche. Relâchez bien vos fesses et vos cuisses. Inspirez et soufflez des petites bulles lors de l'expiration. Prenez bien soin d'étirer tout doucement et le plus longuement possible cette dernière phase. Pensez à bien relâcher votre mâchoire, vos lèvres et le reste de votre corps. À chaque respiration, non seulement vous absorbez de l'oxygène pour vous et votre bébé, mais vous diminuez considérablement votre niveau de stress et d'anxiété.

Astuce

En face à face avec votre conjoint, prononcez ensemble le prénom de votre bébé ou envoyer-lui un petit message.

8

La respiration en plongée et relaxation

Cette respiration en immersion est très relaxante pour les futures mamans. Parfois, elle peut aider à libérer de certaines craintes non exprimées, susceptibles de réapparaître lors de l'accouchement. L'étirement sans effort du corps dans l'eau permet d'allonger considérablement la respiration. Sous l'eau, le corps est plus libre, le mental entre dans un autre monde. Inspirez, puis partez en repoussant le mur avec les pieds. Allongez-vous au maximum pour diminuer la résistance de l'eau. Tout en expirant doucement, détendez chaque partie de votre corps, en allant jusqu'au bout de votre capacité respiratoire. Remontez à la surface quand le besoin de respirer devient trop pressant.

Astuce

Si vous êtes dans la mer, laissez votre corps se détendre au maximum, flotter et se faire bercer par les mouvements des vagues. Beaucoup de femmes enceintes ressentent une grande libération dans cet environnement aquatique et s'y trouvent en harmonie.

9

Relaxation en couple

Votre partenaire se tient debout, les jambes légèrement pliées, de façon à garder son dos droit et à trouver une position confortable. Il place une main au niveau du bas de votre dos et l'autre sous votre nuque. Dans cette position, il vous aide à basculer en position couchée, avec le minimum d'effort.

Une fois le corps reposé, les oreilles dans l'eau, laissez-vous bercer par le léger mouvement latéral qu'il vous propose. Pratiquez de longues expirations, fermez les yeux. Laissez-vous plonger dans ces mouvements de tendresse et de profonde relaxation.

Une fois l'exercice terminé, votre partenaire lâche votre dos et vous soutient la nuque pour vous remettre debout. Vous aurez sans doute encore besoin de quelques minutes pour reprendre vos esprits.

Profitez-en pour faire quelques longueurs tous les deux en partageant cette expérience.

10

La douche consciente

Issu de la méthode Vittoz (une technique d'origine suisse visant à conduire le patient à un bien-être physique et mental par différentes méthodes de relaxation), cet exercice va vous permettre de mieux gérer vos émotions et de vous détendre en profondeur. Concentrez-vous sur votre ressenti, laissez l'eau couler le long de votre peau. Percevez la température de l'onde sur chaque partie de votre corps, sentez sa pression, son glissement. Percevez le contact de votre main sur votre ventre. Humez les odeurs de savon, écoutez l'eau qui coule... Tous vos sens sont mis en éveil et votre bébé reçoit toutes les sensations et émotions agréables que vous ressentez.

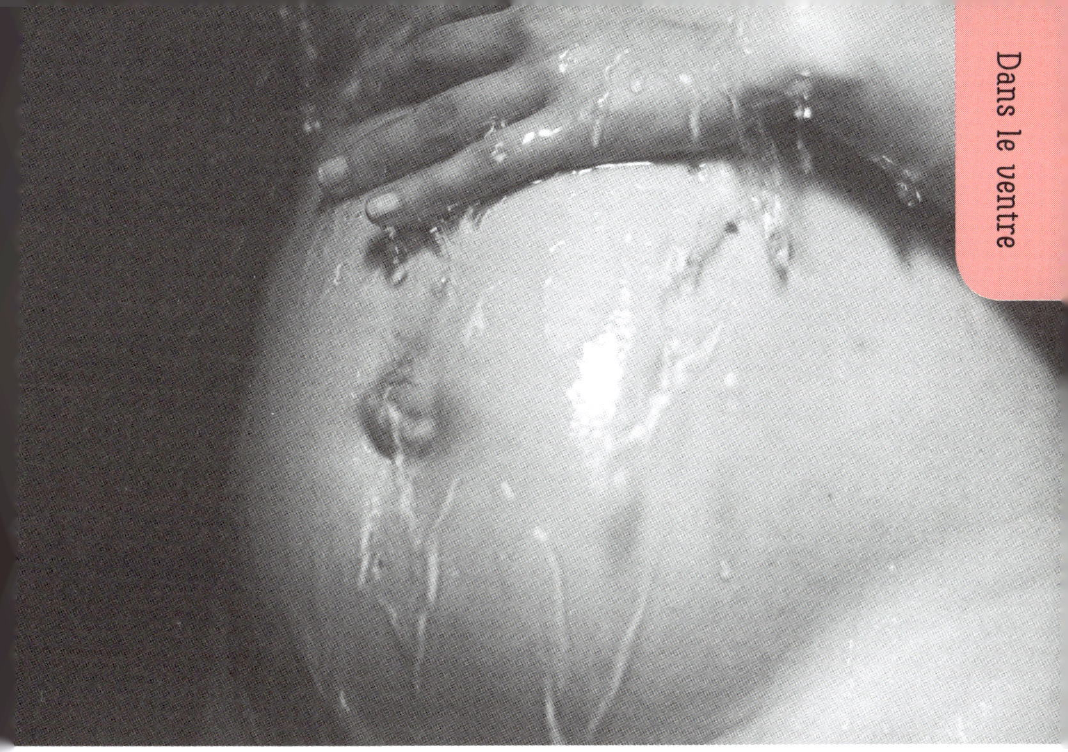

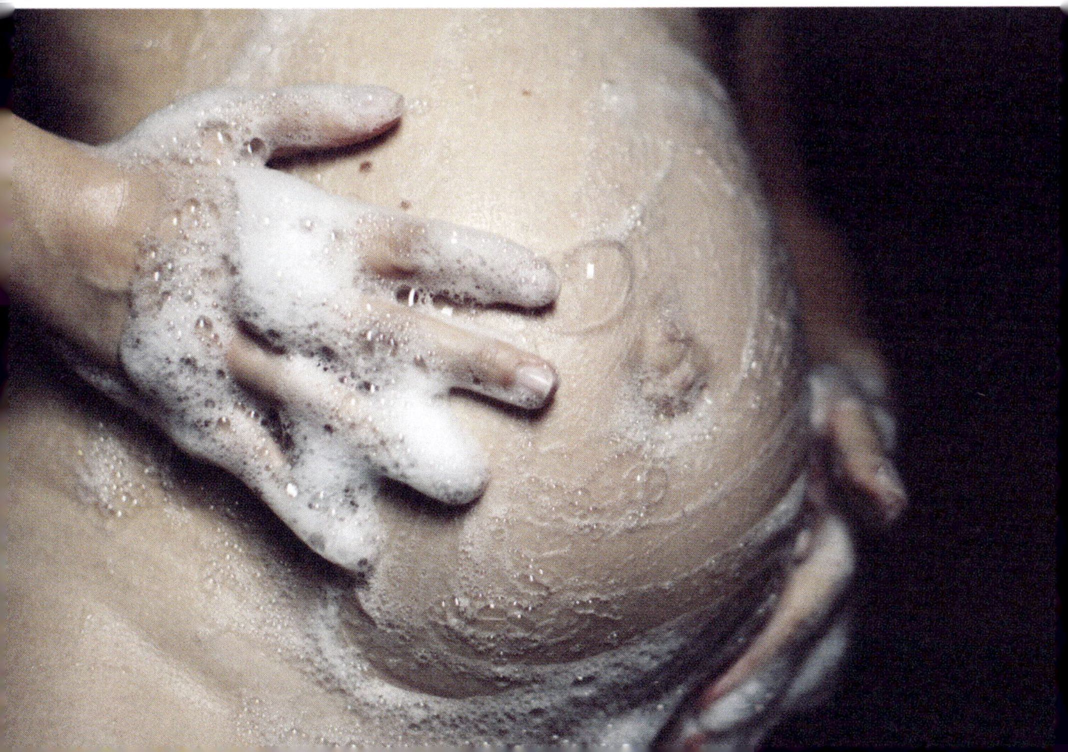

11

Le câlin dans le bain

Proposez à votre enfant de poser délicatement sa joue sur votre ventre, bercez-vous, câlinez-vous. Expliquez-lui que le bébé est, lui aussi, dans une grande baignoire et qu'il apprécie certainement ce moment de tendresse et de complicité. Proposez à votre enfant d'écouter les bruits de votre cœur, de l'eau, de parler avec son frère ou sa sœur, peut-être même de sentir les mouvements du bébé.

De nombreuses études montrent qu'un câlin de dix secondes permet de sécréter de l'endorphine, de la dopamine et de l'ocytocine, qui sont respectivement les hormones du bien-être, du plaisir et de l'attachement. Pour votre enfant comme pour vous-même, abusez-en en vous serrant dans les bras. De tels instants de calme et de bien-être vous rendront encore plus proches.

Astuce

Chantez ou inventez une petite chansonnette que l'aîné pourra fredonner à la naissance ou lorsque vous donnerez le bain au bébé.

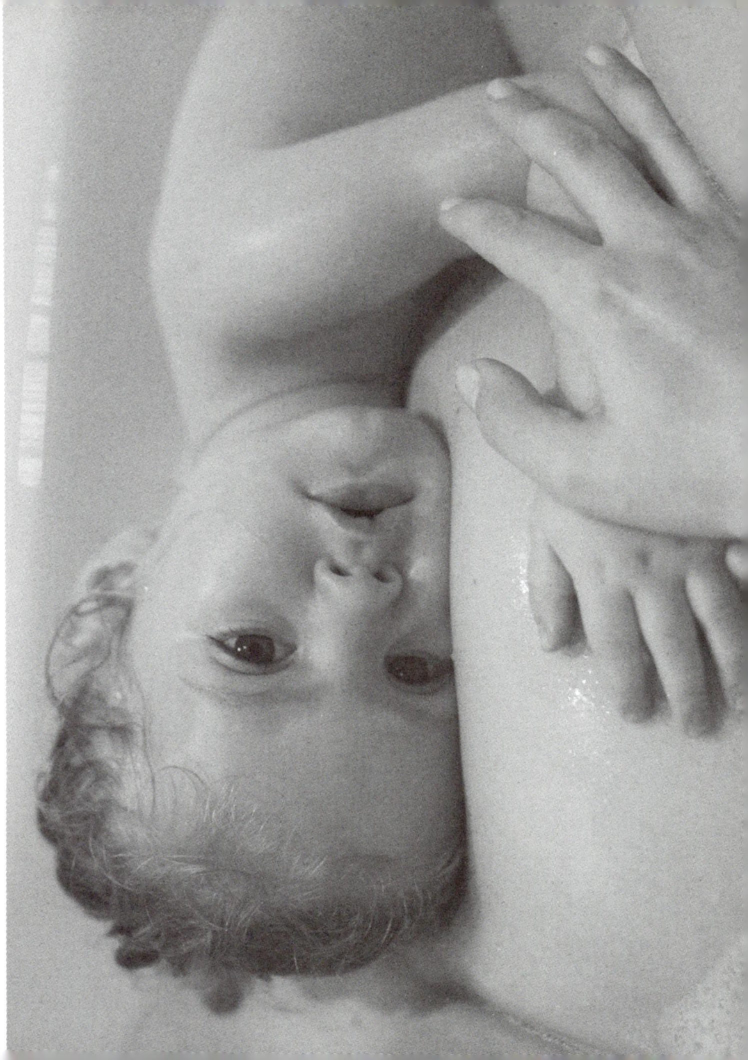

12

L'eau pendant l'accouchement

Lorsque les contractions deviennent douloureuses, la future maman peut se plonger dans un bain dit « de dilatation », chauffé entre 34°C et 36°C. Ce bain a un effet antispasmodique, car la chaleur et la flottabilité réduisent la douleur et augmentent la détente. Certaines maternités sont d'ailleurs équipées de salles « nature », spécialement aménagées pour favoriser une totale décontraction. (Si ce n'est pas le cas, une douche chaude sera tout à fait efficace.)

Parfois, si aucune complication ne survient, la future maman pourra choisir de mettre son bébé au monde dans l'eau. Le papa pourra peut-être même entrer dans l'eau avec elle. Il se place alors derrière la maman et l'aide lors des contractions, sous la surveillance attentive d'une sage-femme.

À sa naissance, le bébé pourra être posé nu sur la poitrine de sa maman, afin de partager un premier contact en peau à peau.

C'est un moment empli de douceur et d'émotion.

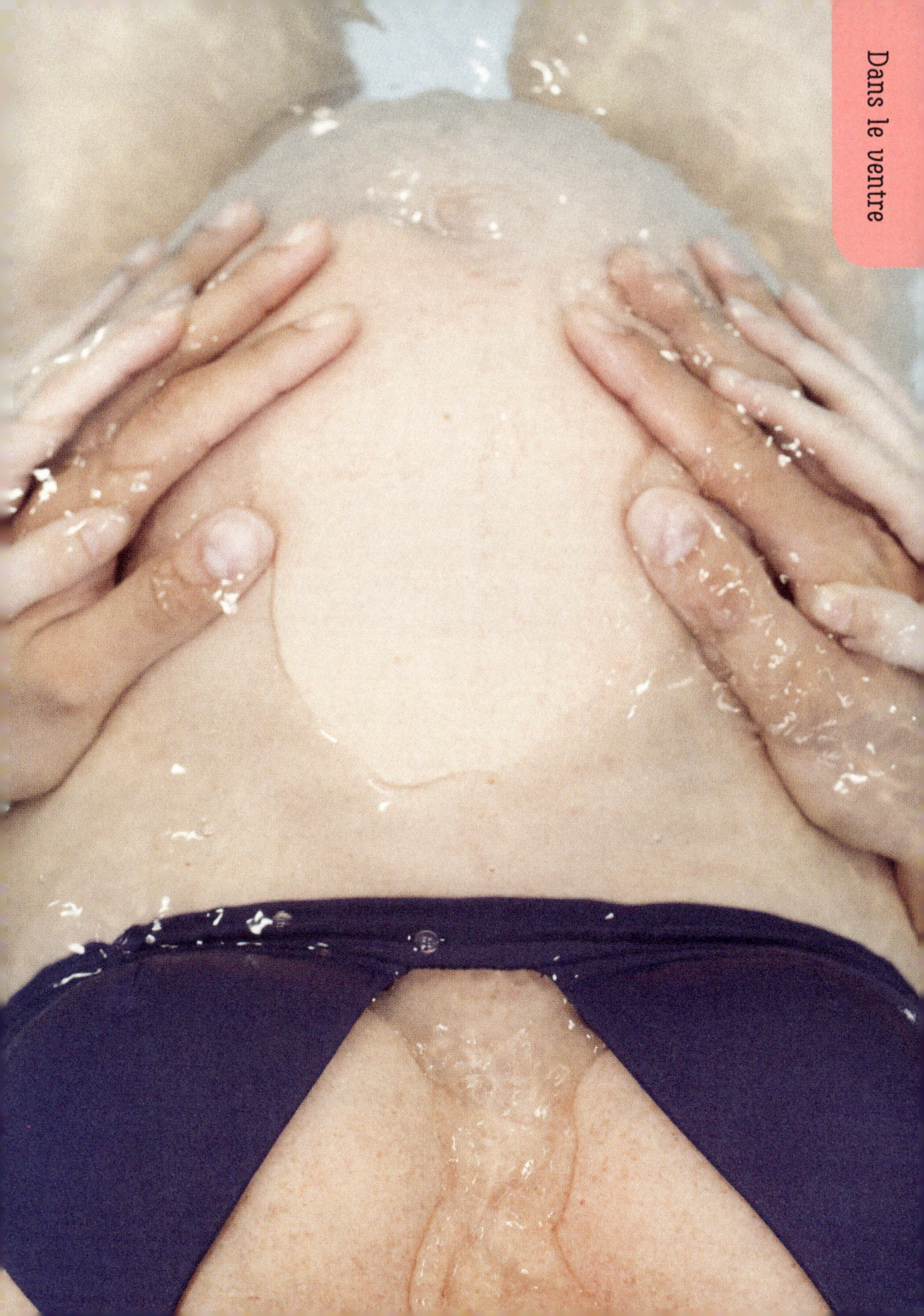

13

Mudra du cœur et de l'utérus

Les « mudra » sont des gestes des mains, on pourrait parler de yoga des mains. Le mudra du cœur et de l'utérus permet de prendre un temps pour vous et votre bébé. C'est un acte d'amour envers vous-même et votre bébé, qui permet de puiser dans vos propres forces intérieures pour vous régénérer.

Placez une main sur le centre de votre cœur et l'autre sur votre ventre, en contact avec votre bébé. Tournez votre attention vers l'intérieur de vous-même pour sentir la connexion d'amour profond qui rayonne entre vous. Entretenez régulièrement ce lien en étant dans le moment présent avec votre bébé.

Astuce

Si vous sentez votre bébé un peu trop bas dans votre ventre, mettez la main vers le haut de l'utérus. Invitez-le à venir se loger sous votre main ou en direction de votre cœur.

Notes

Dans le bain

Quelques conseils préalables...

Restez toujours vigilants : dans l'eau, un tout-petit peut avoir des réactions parfois inattendues et vives. N'oubliez pas de bien chauffer la salle de bain : les bébés sont plus sensibles au froid, surtout mouillés, que les plus grands. Rappelez-vous aussi qu'un nouveau-né n'est pas sale et n'a pas besoin d'être lavé quotidiennement : un bain tous les deux ou trois jours est suffisant, à condition de bien le nettoyer après chaque change.

14

Le bain shantala

Le bain physiologique ou « shantala » va donner à votre enfant la possibilité de retrouver la position rassurante et contenante qu'il avait dans votre ventre. Cette grande bassine ronde va apporter à votre tout-petit relaxation, calme et réconfort. Ce modèle de contenant a également l'avantage de n'utiliser que très peu d'eau.

Astuce

Le massage du front est parfait pour favoriser la détente et le sommeil de bébé. Placez une main sous ses maxillaires pour lui soutenir la tête. De l'autre, massez-lui la totalité du cuir chevelu avec le bout de vos doigts, comme lors d'un shampoing. Les enfants apprécient beaucoup ce massage. Vous pouvez appuyer légèrement pour faire bouger la peau du crâne. Puis lui masser les tempes, en balayant son front en alternance avec vos pouces.

Ces activités vont donner un autre sens au bain, afin qu'il devienne un plaisir partagé. Votre bébé va mener la danse : suivez-le, laissez-vous guider par votre intuition.

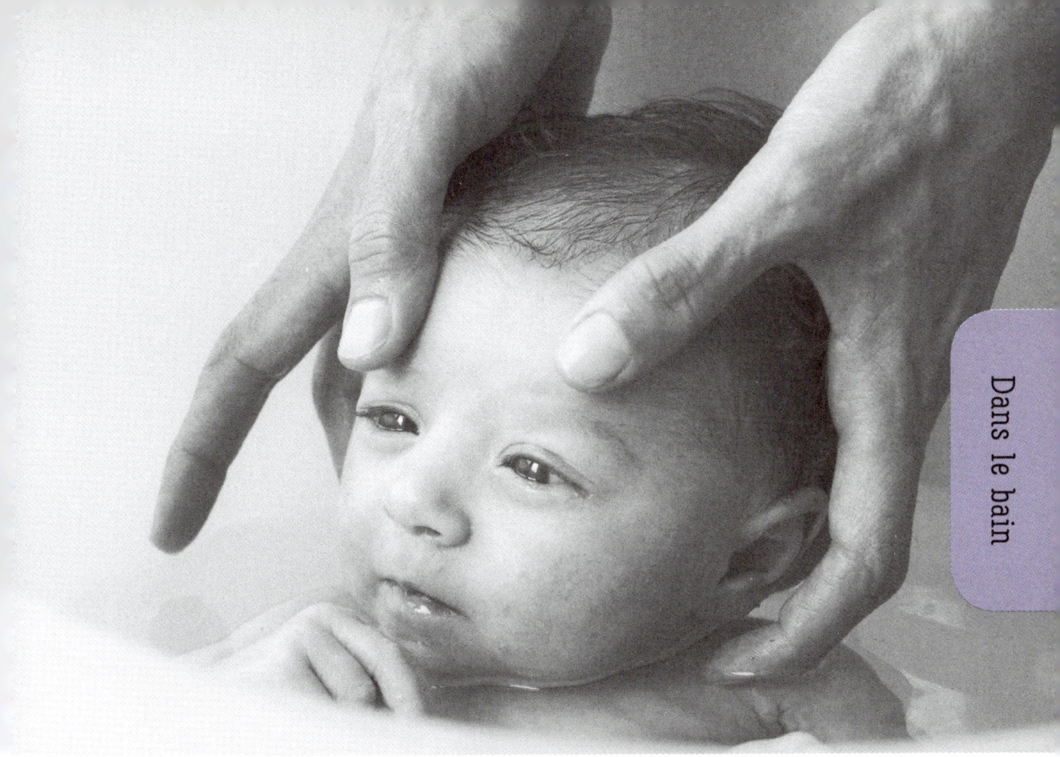

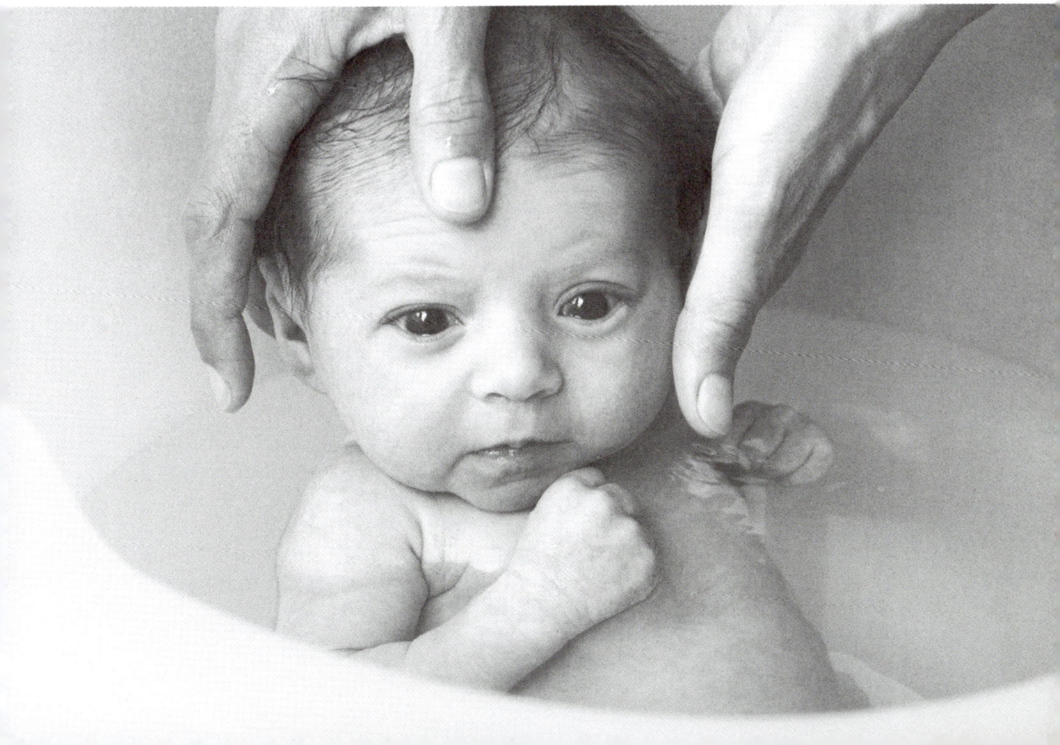

15

Le bain relaxant tactile

À la tombée de la nuit, les bébés sont souvent agités. Leur donner un bain chaud (37°C) le soir leur permet de se détendre.
L'eau chaude a des propriétés relaxantes. Ainsi détendu, le bébé trouvera plus vite le sommeil.

Astuce

Si vous souhaitez le laver à ce moment-là, réservez l'utilisation du savon aux zones sales : siège, mains et visage. Le reste du corps peut être tout simplement nettoyé à l'eau claire.
Utilisez vos mains pour laver votre enfant.
Ce toucher est bénéfique pour son bon développement psycho-affectif et sensoriel. Il prolonge le contact tactile qu'il a connu dans votre ventre.

16

Le bain emmailloté

Certains bébés n'apprécient pas forcément l'heure du bain.

Pour que le vôtre puisse se détendre, le contact doit être doux, les gestes enveloppants et les paroles adaptées.

Enroulez bébé dans un grand lange doux, comme vous le feriez à la sortie du bain pour le sécher. Ainsi enveloppé, plongez-le dans son bain en commençant par ses pieds, puis ses fesses. Une fois dans l'eau et au fur et à mesure qu'il se détend, retirez le lange et laissez-le tomber au fond de la baignoire. Contenu, protégé, votre enfant pourra pleinement profiter de ce moment de détente.

Cette technique est particulièrement utile jusqu'à 3 mois et très fréquemment utilisée avec les bébés prématurés.

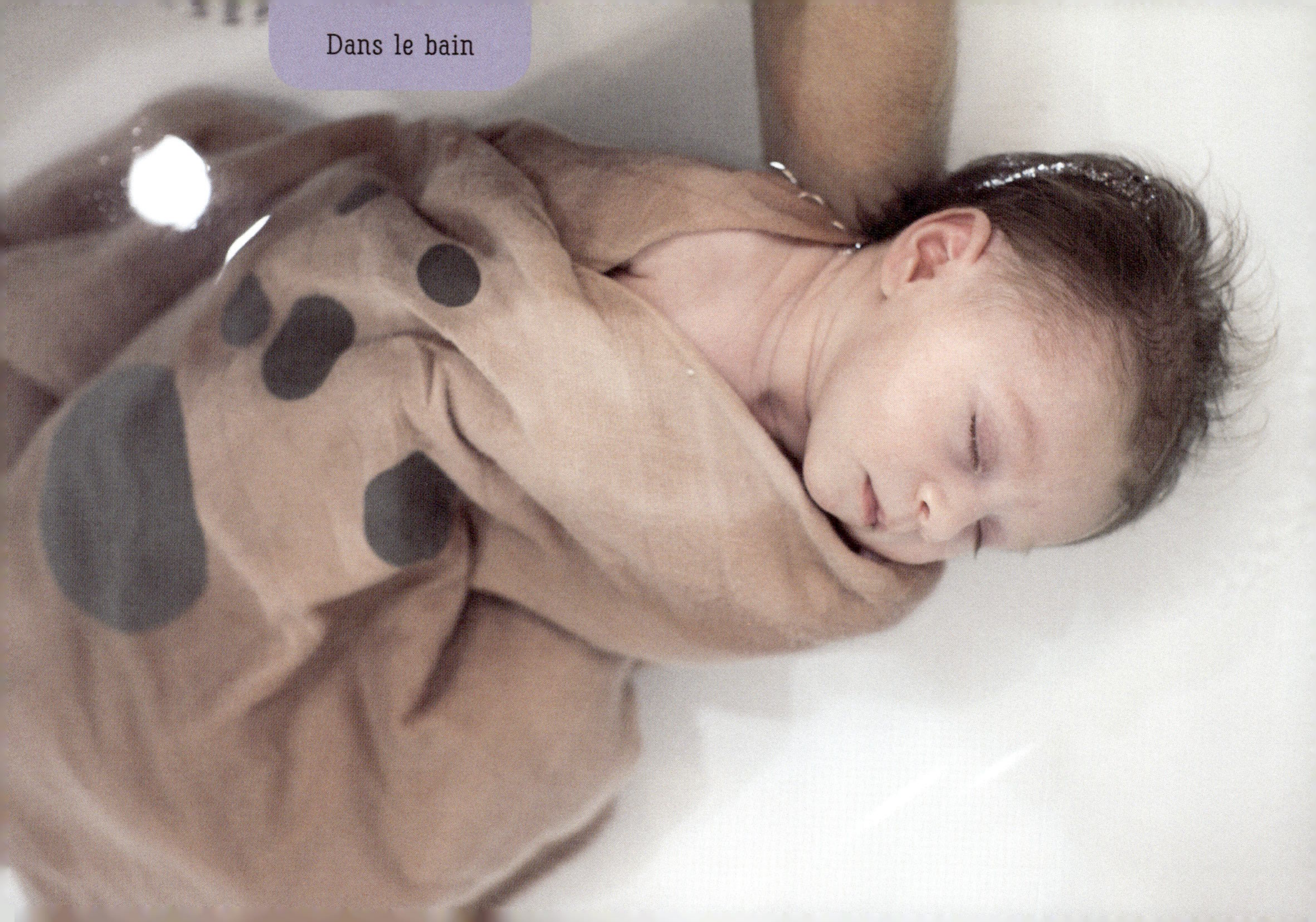

17

Le bain spa

Choisissez un moment où vous serez totalement disponibles tous les deux. Chauffez la salle de bain et faites couler le bain à 38°C.
Introduisez bébé progressivement dans son bain. Commencez par ses jambes, son dos. Bercez-le doucement, au rythme de votre respiration naturelle. Laissez-vous guider par votre cœur, votre intuition et votre amour.
Ces balancements seront très appréciés par votre bébé. L'effet de l'eau sur son corps va également le masser, l'envelopper et le caresser. Tenez toujours votre enfant, même tout petit : un bébé peut avoir des réactions imprévues.

Astuce

Vous pouvez laisser couler un filet d'eau à 37°C sur sa tête, jusqu'entre les sourcils. Ce sont des points très efficaces pour approfondir la relaxation et le sommeil. Le marchand de sable passera certainement à ce moment-là.

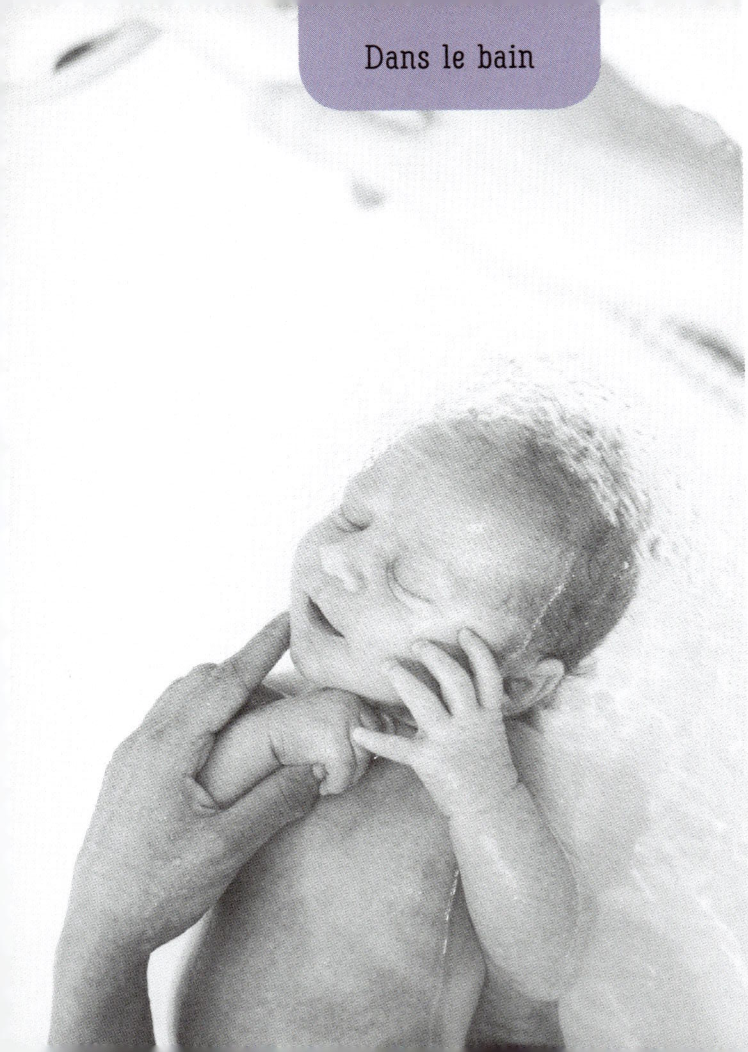

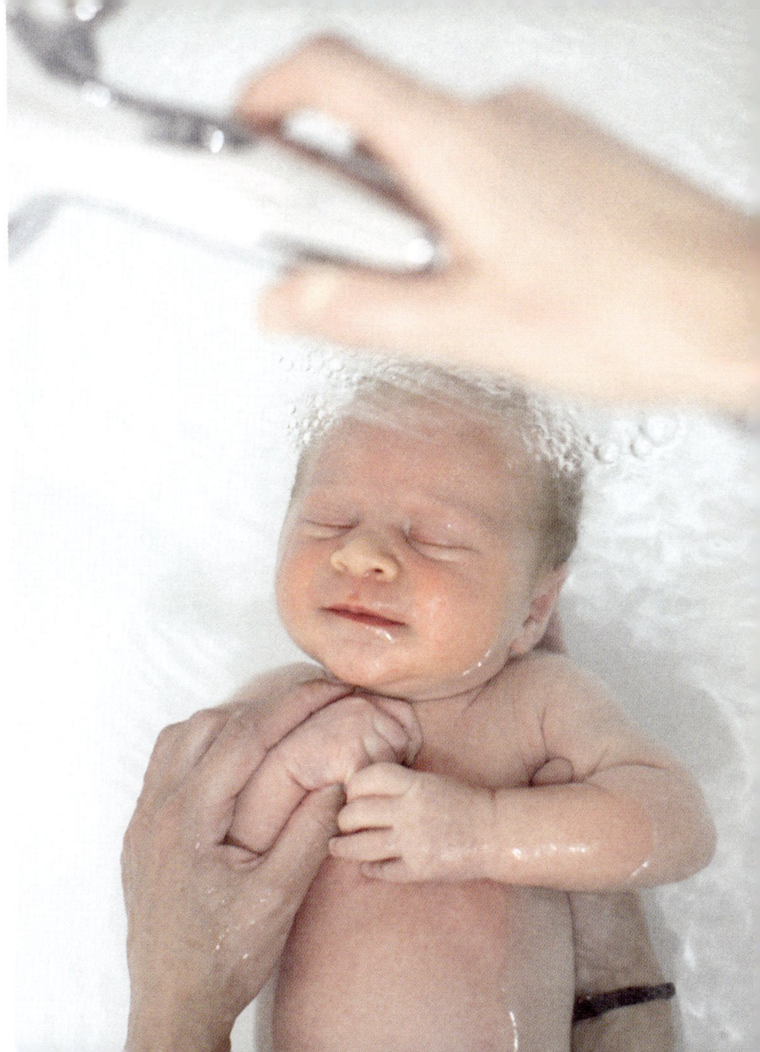

18

Prendre un bain avec son bébé

Accordez-vous un bain magique et sensoriel. Plongez-vous dans la baignoire, votre bébé dans vos bras. Sentez l'eau qui touche votre peau, qui vous masse, vous caresse et vous berce. Prenez conscience de la température de l'eau, de ses mouvements autour de vous, de sons étouffés par l'eau quand vous y plongez la tête. Autant de sensations auxquelles nous ne prêtons plus attention : pourtant, c'est ce que votre bébé ressent quand il entre pour la première fois dans l'eau du bain ou dans la piscine. Il ne sait rien, c'est son corps qui reçoit tout. Puis, contemplez les éclats de l'eau. Jouez avec la matière liquide avec vos mains. L'eau est comme une pâte à modeler, elle est malléable. Elle est d'autant plus résistante que nos mains sont en profondeur. Regardez la mousse du bain flotter à sa surface, touchez, explorez toutes ces nouvelles textures avec votre enfant.

Conseil

Prenez toutes les précautions nécessaires pour sécuriser ce moment. Vérifiez en amont la température de l'eau. Vous serez tous les deux mouillés et glissants, donc prenez la précaution de confier votre enfant pour entrer et sortir de la baignoire. Prévoyez une grande serviette, éventuellement chauffée sur un radiateur.

19

Mini massage aquatique

Profitez du contact avec votre bébé pour lui faire un massage de quelques minutes. Caressez-lui doucement les bras, les jambes, les pieds, en prenant soin de poser votre paume au contact de sa peau. Généralement les bébés adorent, au point de préférer même ce toucher affectueux à un massage plus long.

Astuce

Lorsque le bambin devient plus grand, il arrive qu'il soit moins réceptif au massage. Profitez du moment du savonnage et du rinçage pour passer délicatement vos mains sur sa peau. Mettez-y tout votre amour. Laissez glisser vos mains le long de son corps et laissez-vous guider par votre intuition. Ces quelques instants permettent à l'enfant de ne pas oublier ce qu'est un toucher bienveillant. Il vous redemandera certainement plus tard de réitérer les massages.

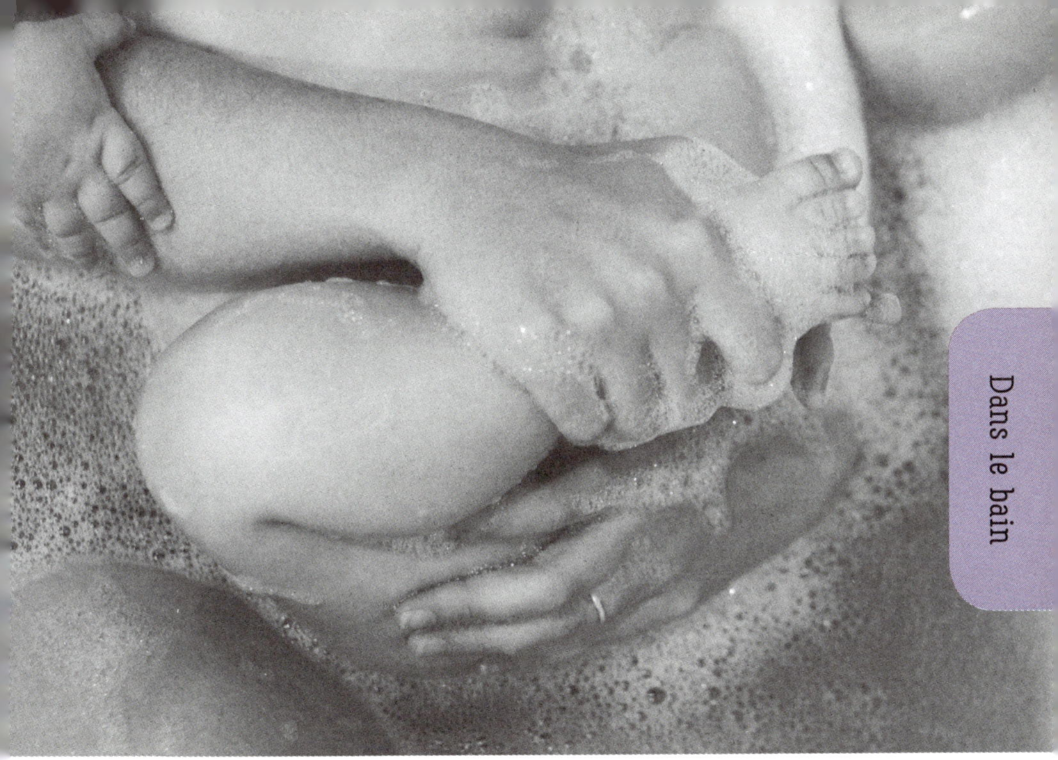

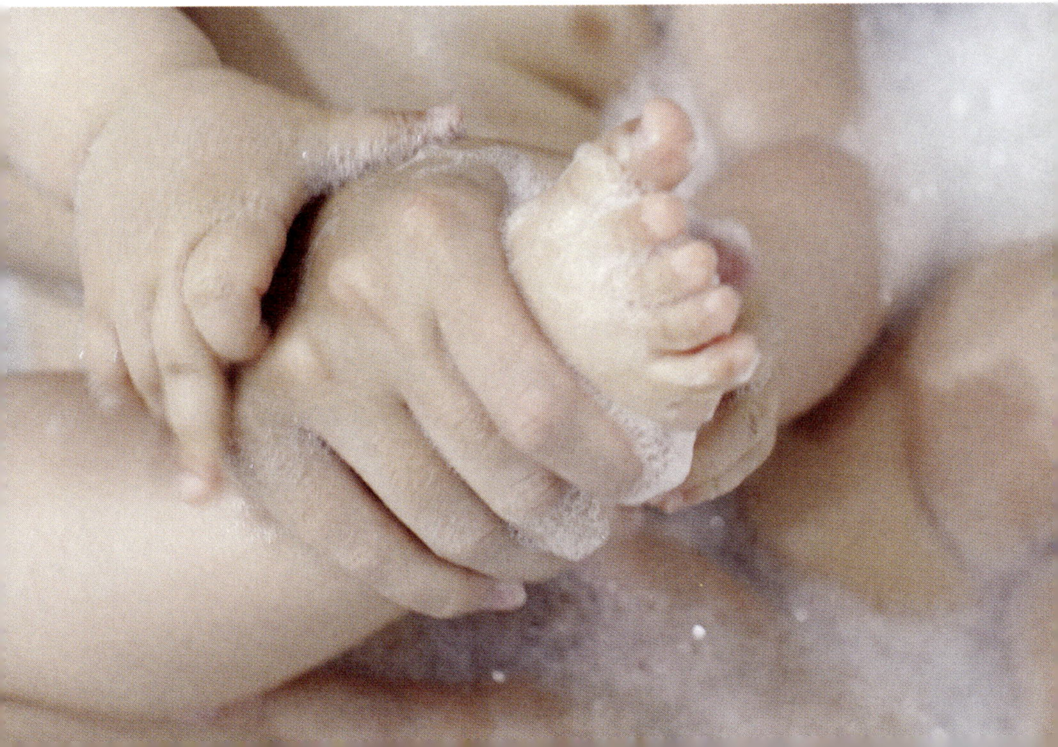

20

Premières photos dans l'eau

À l'heure des *selfies*, que diriez-vous d'immortaliser ce moment d'intimité, de complicité, d'amour et de jeux avec votre bébé ? Par sécurité, préférez un appareil photo compatible avec l'eau ou waterproof.

Astuce

Amusez-vous à photographier vos séances de body painting et autres joyeusetés moussantes suggérées dans ce livre (cf. activités 23, 25 et 28 notamment). Avec un enfant plus grand, vous pourrez lui proposer un appareil photo waterproof afin qu'il puisse lui-même se photographier sur ou sous l'eau. Vous pourrez alors constituer un album de jolis souvenirs créatifs.

21

Premiers jeux dans l'eau

Dans la baignoire, votre bébé est comme un poisson dans l'eau. Le bain est donc souvent un moment qu'il adore. Profitez-en pour jouer quelques instants avec lui, en prenant toujours garde à ce qu'il ne prenne pas froid et à le tenir en permanence (même calé dans un siège de bain). Le jeu permet de développer sa motricité fine et la coordination entre l'œil et la main. Proposez-lui des bouchons, des gobelets en plastique. Il se peut que, au début, cet exercice soit difficile : n'hésitez pas à verser, à transvaser pour lui. Regardez et écoutez ensemble l'eau qui coule. Il apprendra en vous regardant et, petit à petit, il le fera seul.

22

Bain de jumeaux

Ensemble depuis leur conception, les jumeaux sont attachés par un lien émotionnel et affectif profond. Ils vont traverser ensemble et quasiment en même temps des stades similaires de développement, et faire les mêmes découvertes. Naturellement, un phénomène d'imitation va se mettre en place. Leur lien n'en sera que plus fort.

Pour les jumeaux, ce moment fusionnel sera un vrai bonheur.

Offrez-leur ce bain de tendresse l'un contre l'autre, ce qui devrait leur rappeler le liquide amniotique dans lequel ils baignaient tous deux il y a peu de temps encore.

Astuce

Vous pouvez leur chanter une chanson douce et, pour les plus grands, leur donner quelques jouets.

23

Peinture dans le bain

Ils en ont tous rêvé, la peinture savon l'a fait ! Imaginez votre enfant se badigeonner de peinture sur tout le corps et barbouiller les bords de la baignoire à loisir. L'occasion de découvrir les couleurs en s'amusant, de développer sa créativité, tout en prenant plaisir à se laver. Une invention magique !

Variante

Que diriez-vous d'une séance de body painting entre copains ou en famille dans le jardin aux beaux jours ? Il existe d'ailleurs une version shampooing pour les cheveux. Puis, pour se rincer, rien de mieux d'une bataille d'eau au tuyau. Fous rires assurés !

24

La chanson du bain

Accompagnez le bain en chanson. Il existe beaucoup de chansons et de comptines sur le thème de l'eau. Choisissez celle qui vous inspire et soyez créatif. Les bébés adorent écouter la voix de leurs parents, profitez-en !

Flic floc
Flic floc
C'est le bain qui coule,
Et l'eau qui me mouille
Flic floc
Flic floc
Les gouttes me chatouillent
Et moi je gazouille
Flic Floc
Flic floc
Maman me papouille
Puis me débarbouille
Flic floc
Flic floc
Je suis une Fripouille
Me voilà lavé, donc prêt pour être câliné

25

La mousse multicolore

Créer un bain moussant drôle et coloré pour les enfants en quelques minutes seulement. Faites couler l'eau du bain, ajoutez du savon ou du bain moussant pour créer la mousse et ajoutez-y quelques gouttes de colorant alimentaire. Deux couleurs primaires au minimum sont nécessaires pour s'amuser !

Variante

Une eau bleue, jaune ou rouge peut suffire à distraire les enfants et leur créer une ambiance inédite. Il existe des produits pour le bain spécialement étudiés pour ce type d'activité.

26

Le bain éducatif

Pourquoi ne pas fabriquer des animaux aquatiques, à faire évoluer sur les parois de la baignoire ? Amusant, facile et rapide à réaliser. Les enfants aiment forcément ! Il n'y a plus qu'à s'inventer des histoires.

Matériel :

* feuilles de feutrine colorées fines ;
* ciseaux ;
* crayon.

Tracer des formes d'animaux sur la feutrine : pieuvre, étoile de mer, dauphin, poisson... Décorez-les aux feutres si vous le souhaitez. Découpez-les et plouf dans le bain ! On les colle, on les décolle des parois...

Variante

Les lettres de l'alphabet, les chiffres... Ce sera pour les plus grands un moment ludique pour apprendre à écrire son prénom ou à compter !

27

Attraper l'eau

Laissez couler l'eau par la pomme de douche quelques instants et proposez à votre enfant de l'attraper avec des contenants différents. Seau, bouchons, cuillères pour augmenter la difficulté... Vous pouvez faire bouger progressivement le pommeau. Rires garantis !

Astuce

Un petit arrosoir a la même efficacité et permet de récupérer directement l'eau de la baignoire.

28

Des coiffures amusantes

Pour que le bain soit plus amusant et le moment de se laver les cheveux plus ludique, utilisez la mousse de son shampoing (qui ne pique pas les yeux) pour l'inviter à créer des coiffures amusantes, des moustaches, une barbe...

Astuce

Il existe des produits colorés pour les cheveux spécialement conçus pour l'heure du bain des enfants.

29

La douche contre la montre

Défi : se doucher en moins de trois minutes (sans compter le lavage de cheveux longs de vos princesses). Préparez un chronomètre, une alarme, un sablier ou même une musique ou une chanson dont la durée n'excède pas ce temps. Vous êtes prêts ? Mouillez votre enfant, savonnez-le s'il ne sait pas encore le faire seul. Rincez-le avec le pommeau de douche. Pour plus d'éclats de rire, proposez-lui de se coller contre le mur les bras en l'air et arrosez-le. Les enfants adorent ça ! Sans compter que la douche devient aussi plus écologique, car la consommation d'eau est limitée. Attention : veillez à placer un tapis antidérapant au fond de la douche ou de la baignoire.

30

Apprendre à souffler et à respirer

Apprendre à son enfant à souffler dans l'eau, c'est lui apprendre à contrôler sa respiration, à se relaxer, à s'habituer à mettre la tête sous l'eau et le préparer à nager.

Respirer est un acte mécanique. Si vous soufflez tout doucement par la bouche, vous allez ressentir au bout de l'expiration l'envie irrésistible de reprendre de l'air, et donc d'inspirer naturellement par le nez.

Maintenant que vous êtes prêt, allons-y !

Soufflez sur l'eau, amusez-vous à regarder ensemble les dessins se former à la surface. Puis mettez la bouche dans l'eau, soufflez de nouveau et associez-y un son. Plus tard, vous pourrez également proposer à votre enfant d'immerger son visage tout entier. Il est important de ne pas le forcer. Vous pouvez lui proposer des petites lunettes de piscine, afin de lui permettre de voir le fond de la baignoire.

Variante

À l'aide d'une paille, soufflez dans l'eau en variant l'intensité : faites des petites bulles, des grosses bulles…

À deux, soufflez sur une balle de ping-pong pour la faire avancer.

Soufflez par la bouche, par le nez en variant l'intensité, la durée.

Sous l'eau, chantez, criez, murmurez…

Dans la maison

31

Les bouteilles d'eau colorée

Les choses simples sont souvent les plus appréciées.
Remplissez avec de l'eau et du colorant alimentaire ou du sirop des mini bouteilles en plastique résistantes aux chocs (eau, jus de fruits, shampoing...).
Des bouteilles trop grandes risquent d'être trop lourdes et difficiles à manipuler pour un tout-petit.
Laissez votre enfant découvrir et manipuler les bouteilles à sa guise : il va observer le liquide, secouer et observer les bulles, faire rouler les bouteilles, regarder au travers, écouter les différents bruits lorsque la bouteille est secouée...
C'est une excellente expérience sensorielle. En jouant ainsi, votre enfant va travailler son toucher, sa vue et son ouïe, mais aussi sa motricité.

Astuce

Posez une bouteille de façon à ce que le soleil l'illumine et observez les reflets colorés avec votre bébé.
Une vraie source d'émerveillement !

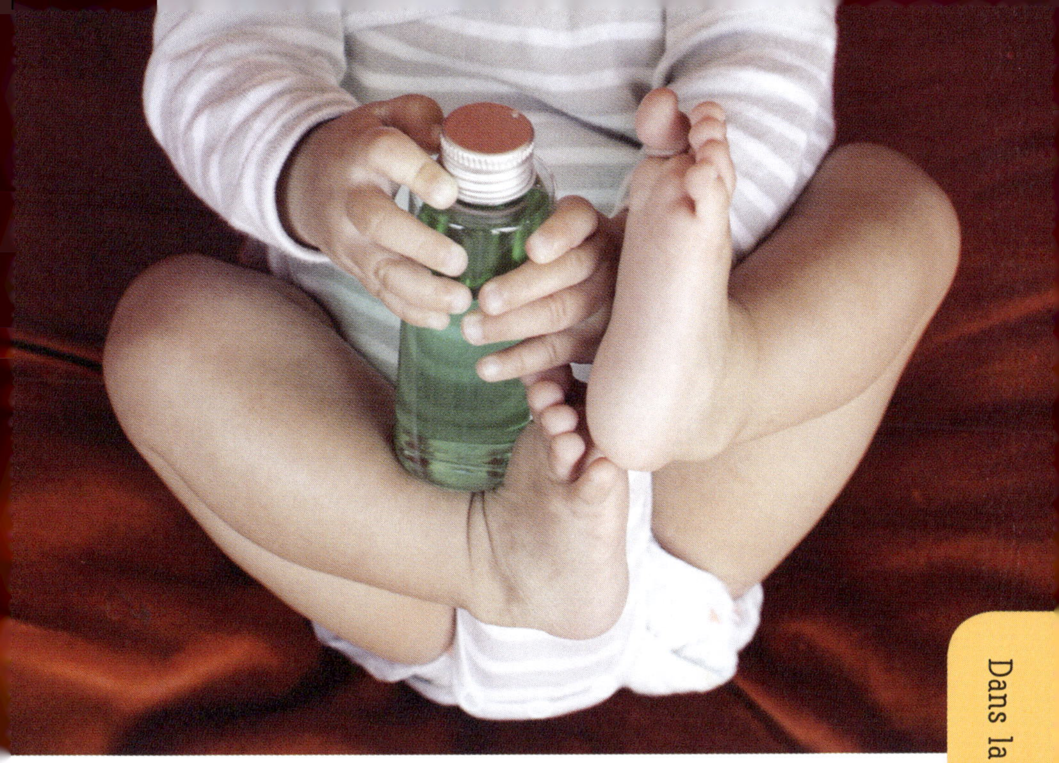

32

Trier les bouteilles d'eau colorée

Proposez à votre enfant de remplir les bouteilles avec la même quantité d'eau. Aidez-le si nécessaire. Proposez-lui de mettre les colorants et comptez avec lui les nombre de cuillères ou de gouttes de sirop à introduire. Vérifiez que les bouteilles soient bien fermées et laissez-le les secouer pour les mélanger. Invitez-le à trier les bouteilles par couleurs dans des petits paniers ou à créer un algorithme (par exemple, deux bouteilles rouges, puis une jaune).

Astuce

Les trois couleurs primaires jaune, rouge et bleu suffisent pour créer un maximum de couleurs :
jaune + bleu = vert • rouge + bleu = violet •
rouge + jaune = orange.

Pour les plus grands, proposez de ranger les bouteilles dans le panier en associant une couleur primaire avec sa complémentaire :
rouge et vert, jaune et violet, bleu et orange.

33

Le matelas d'eau

Le matelas pneumatique est un accessoire de plage très sympathique qui peut devenir un excellent terrain pour la psychomotricité de votre bébé.
Remplissez un matelas (si possible transparent) à moitié d'eau, que vous pouvez colorer avec un colorant alimentaire ou du sirop. Posez votre bébé dessus. En avançant, il va provoquer différents points de pression sur l'ensemble de son corps. Votre tout-petit va ainsi créer un mouvement, une véritable danse lui permettant de stimuler trois de ses sens : tactile, visuel grâce aux couleurs et auditif par le bruit de l'eau sous le plastique.

Astuce

L'auto-bercement et le massage pourront même l'aider à se calmer et à s'endormir.

34

Jouer avec des glaçons

Un jeu fascinant pour les bébés, qui découvrent une nouvelle texture glissante et froide.
Toucher, regarder, écouter, goûter, sentir : tous les sens sont en éveil.
Plus tard, cette activité montrera également la transformation de la glace en eau.

Astuce

Ajoutez dans l'eau une pointe de colorant alimentaire ou une goutte de sirop pour donner une touche de couleur. Fabriquez des glaçons suffisamment gros pour que votre enfant ne risque pas de les avaler s'il les porte à la bouche.
Laissez reposer quelques minutes les glaçons à l'air libre avant de les lui donner afin qu'ils ne collent pas à sa peau.

35

Des bulles de savon colorées

Quoi de plus magique que de regarder flotter des bulles de savon de toutes les couleurs ?
Votre enfant va suivre les bulles avec les yeux, se concentrer, travailler sa coordination entre les mains et les yeux.
Plus tard, il essaiera même de les attraper afin de les éclater.
Puis il voudra les souffler et apprendra à travailler sa respiration.

Recette

* 4 tasses d'eau ;
* 1/4 de tasse de sucre en poudre à bien dissoudre dans l'eau ;
* 1 tasse de liquide vaisselle ;
* 2 cuillères à café de farine de maïs.

Entortillez du fil de fer, en formant un cercle au bout ou utilisez une paille, en faisant attention que les enfants n'aspirent pas le liquide.

Variante

Apprenez-lui à respirer en soufflant par la bouche pour fabriquer la bulle, et reprendre de l'air par le nez.

36

Peinture à l'eau

C'est l'heure de la peinture ! Ce moment, pourtant tant apprécié des enfants, peut vite devenir le cauchemar des parents. Alors, que diriez-vous de peindre directement à l'eau claire ?

Sortez quelques pinceaux ou des rouleaux propres de formes et de tailles différentes, ainsi qu'un récipient d'eau. Invitez votre enfant à tremper le pinceau dans l'eau, puis laissez-le « peindre » directement sur une table, sur une grande toile cirée, sur le carrelage ou dans la salle de bain.

Plaisir sans tache assuré !

37

Peindre avec des glaçons

Pour les plus courageux d'entre vous,
la peinture aux glaçons est
une activité dont tous les enfants raffolent.
Préparez vos glaçons dans un bac à glace, mettez-y
un peu de colorant alimentaire ou du sirop. Prévoyez
une grande feuille épaisse, et c'est parti pour
son premier chef-d'œuvre.

Astuce

Plantez un bâtonnet d'esquimau dans le moule
au moment de la congélation des glaçons afin de créer
un support pour les attraper aisément.

38

Chaud, froid, tiède

Ce jeu va permettre à votre enfant d'apprendre la différence entre le froid, le tiède et le chaud, de prêter attention à ses sensations et d'y mettre des mots. Munissez-vous de trois récipients. Versez-y respectivement de l'eau froide, de l'eau tiède, de l'eau chaude, (et, en option, un quatrième pour les plus grands avec des glaçons afin que le liquide soit glacé). Expliquez à votre enfant qu'il va découvrir des sensations différentes en plongeant le doigt dans le bol. Prévenez-le que le premier est froid. Invitez-le à plonger le doigt dedans en nommant à haute voix « froid ». Incitez-le ensuite à répéter le mot « froid » avec vous. Renouvelez l'expérience en passez au second « tiède », puis au troisième bol « chaud ».

Variante

Inversez l'ordre des bols (chaud, tiède, froid) et proposez à l'enfant à recommencer. Plus tard, mélangez de nouveau les bols laissez-le associer les mots et les sensations tout seul, comme un grand.

39

Fleur en papier

Comment réveiller une fleur de papier sans la toucher ni souffler dessus ?

Dessinez une fleur sur une feuille de papier.
Vous pouvez la colorier, puis aider votre enfant à la découper s'il est encore trop petit pour le faire lui-même.
Repliez les pétales vers le centre, versez de l'eau dans une petite assiette ou un saladier, puis déposez-la délicatement sur l'eau, les pétales vers le haut.
Ne touchez plus à rien, et prononcez la formule magique : « Fleur, ouvre-toi »
Que va faire maintenant le papier au contact de l'eau ?
La magie va opérer et la fleur s'ouvrir, sous les yeux écarquillés de votre enfant.

40

Sorbet maison

Il *vous* faudra :

* 1 moule à sorbet ;
* de l'eau ;
* des fruits frais (fraise ou autre) ;
* du sucre de canne liquide (en option).

Mixez les fruits avec un peu d'eau et éventuellement quelques gouttes de sirop de canne. Vous pouvez filtrer le mélange à la passoire. Il est également possible de laisser quelques fruits entiers, comme des framboises ou des cassis. Remplissez le moule aux trois quarts, puis placez-le au congélateur. Régalez-vous !

Variante

Pour les plus pressés, mélangez un peu de sirop avec de l'eau : il n'y a plus qu'à congeler !
Pour faire une glace à étage, mettez un tiers de sirop et d'eau, congelez, puis un tiers d'un deuxième parfum de la même composition, congelez, puis un tiers d'un troisième parfum. Congelez une dernière fois, c'est prêt !

41

Musique à eau

Jouez au musicien. Remplissez d'eau quatre à six bocaux en verre. Laissez l'un des bocaux vide et remplissez les autres de différentes quantités d'eau. Laissez votre enfant taper avec des cuillères en bois, métal ou plastique et découvrir les différents sons produits.

Expliquez-lui que, en changeant le niveau de l'eau, on obtient une note de musique différente.

Astuce

Vous pouvez verser un peu de colorant alimentaire ou de sirop dans l'eau afin de mieux voir le niveau de l'eau et conférer un air de gaîté supplémentaire à l'activité.

42

Pêche à la ligne

La pêche à la ligne est un grand classique des jeux d'adresse pour amuser les petits dans la maison, dans le bain ou dans le jardin. Rien de tel non plus que ce jeu pour développer la motricité fine de votre enfant, la coordination œil/main et la dextérité.

Astuce

Pour fabriquer soi-même sa canne, il faudra :

* une longue tige de bambou ;
* du fil de nylon (ou du fil de pêche) ;
* un trombone ;
* du ruban ou du rafia pour accrocher autour des canards ou autres jeux en plastique.

Et voilà, le tour est joué !

43

Ça flotte, ça coule

Une idée d'activité pour vivre l'expérience de la flottaison. Remplissez une bassine d'eau. Mettez-y des bouchons en plastique, de bouteille de lait ou d'eau, qui vont flotter à la surface. Vous placerez sous certains d'entre eux un peu de pâte à modeler ou de pâte à sel pour les faire couler. Expliquez à votre enfant la différence entre flotter et couler. Proposez-lui ensuite de les trier en fonction de ce qu'il se passe au contact de l'eau.

Astuce

S'il fait beau, vous pouvez faire cette activité dans une petite piscine. Un long moment de jeu qui va certainement lui permettre de remplir, de vider et de transvaser, tout en se rafraîchissant.

44

Transvaser

Les jeux de transvasement permettent de travailler la motricité fine (coordination, précision, utilisation d'un outil), l'autonomie (en apprenant à se servir seul) et la concentration, tout en s'amusant. D'après la célèbre pédagogue Maria Montessori, les jeux de transvasement favorisent également l'apprentissage de la propreté chez l'enfant.

Donnez-lui deux bols, dont l'un est rempli d'eau. Montrez-lui comment plonger l'éponge dans l'eau pour la remplir, puis la vider dans l'autre, et ainsi de suite !

Variante

Donnez-lui deux bols, dont l'un est rempli de glaçons. Montrez-lui comment les attraper avec la pince et les transvaser dans l'autre.

Changez les contenants de temps en temps afin de faire varier les expériences : tasse, seau, sac congélation, compte-gouttes, tasses à mesurer, cuillères ...

Votre enfant va prendre confiance en lui, tout en ayant du plaisir à jouer.

45

Servir le thé

La vie est un jeu pour l'enfant, qui apprend en imitant. Dressez la table avec deux tasses à thé de dînette, deux petites cuillères, un plateau ou un torchon en guise de nappe. Remplissez une petite théière d'eau froide. Vous pouvez ajouter une petite assiette de biscuits. C'est maintenant lui l'hôte. Verser le thé dans des petites tasses va lui permettre d'améliorer sa motricité et de développer ses facultés de coordination main-œil. Les enfants adorent ce jeu, et encore plus de le partager avec vous. C'est un vrai moment de complicité et de bavardage en tête-à-tête. C'est aussi une occasion pour stimuler le développement de son langage.

Conseil

Prenez du temps pour jouer avec votre enfant tous les jours, même si ce n'est que dix ou quinze minutes. Cela vous permettra de développer une véritable complicité avec lui et de contribuer à enrichir le lien qui vous unit. Attention : l'objectif est de partager un bon moment, et non de transformer son jeu en activité éducative !

46

Passer l'éponge

Lors des activités avec l'eau, les accidents sont très fréquents.
Prévoyez toujours une petite éponge ou une serviette à proximité. Montrez à votre enfant comment essuyer, puis invitez-le à le faire lui-même. Les enfants adorent imiter et nous aider.
Il ne s'agit donc pas de l'obliger à nettoyer, mais simplement de l'encourager à prendre soin de ses affaires, de son environnement et de lui-même.

Astuce

Il sera également ravi de vous aider à mettre le couvert, puis de nettoyer avec une éponge ou une lingette et d'essuyer avec un torchon la table, après un repas par exemple.

47

Jouer au chimiste

Donnez à votre enfant un bol d'eau, du sel, de la farine, du sucre, du sirop...
Laissez-le mélanger, créer, découvrir de nouvelles textures et explorer de nouvelles sensations.

Astuce

Couvrir la table d'une nappe en plastique ou de papier journal et laissez-le patouiller librement. On peut aussi le faire dehors aux beaux jours.

48

Laver les légumes

La sensibilisation aux produits frais cultivés et cueillis en famille ou même achetés sur le marché va permettre aux enfants de comprendre d'où viennent les fruits et les légumes. Plus ils seront mis en contact avec ces aliments, plus ils apprécieront de les consommer. Expliquez-lui pourquoi il est important de les laver : pour enlever les pesticides et les bactéries, la poussière, les insectes ou les larves, les cailloux, la terre... Préparez-lui une bassine ou un saladier avec de l'eau. Invitez-le à tremper les fruits et les légumes dans l'eau, à les remuer pour que les impuretés se déposent au fond de la bassine ou du saladier, à les retirer de l'eau à la main, puis à les rincer de nouveau à l'eau claire et à les mettre dans une passoire pour les égoutter.

Astuce

Proposez ensuite à votre enfant de vous assister lors de la préparation du repas. Il sera fier de dire que c'est lui qui l'a préparé !

49

Goûter l'eau

L'eau que l'on boit n'est pas unique. Selon son lieu d'origine et la saison, sa saveur sera différente. Réunissez des eaux potables de différentes provenances (en bouteilles commercialisées plates et pétillantes, mais aussi du robinet).
Organisez une dégustation de ces différentes eaux. Nommez les sensations, rebaptisez les eaux… Pourquoi ne pas regarder sur une carte de quels endroits elles proviennent ?

Variante

Faites en amont un travail sur les quatre goûts essentiels pour bien caractériser les eaux : salé, sucré, acide, amer. Afin d'exercer les papilles gustatives des enfants, vous pourrez également les aromatiser avec du sel, du sucre, du citron, des écorces d'orange ou des amandes amères.

50

Cocktail apéritif

Voici la recette des glaçons « gourmands », que vos enfants vont adorer préparer et déguster. Remplissez le bac à glace d'eau et déposez dans chaque compartiment un petit fruit (fraise, framboise, cassis...). Placez le bac au congélateur durant quelques heures. C'est prêt !

La décoration

Préparez une petite assiette plate contenant du sucre semoule bien étalé. Trempez les bords du verre dans une autre assiette, préalablement remplie de quelques millimètres de sirop. Posez le verre dans l'assiette contenant le sucre et patientez quelques instants. Retirez le verre, le glaçage est terminé !

Astuce

Réalisez de jolis glaçons parfumés et colorés en mélangeant du sirop et de l'eau. Cette recette permet d'avoir des glaçons avec une couleur originale et un goût excellent !

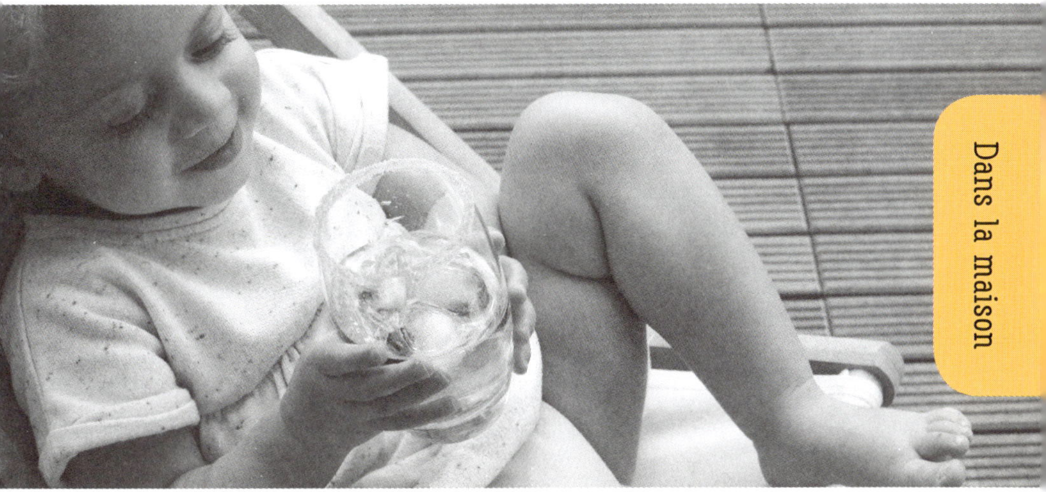

51

Bloc de glace surprise

Votre enfant rêve de devenir un paléontologue en herbe ? Cette activité est faite pour lui. Les jeunes fans de dinosaures pourront ici libérer des mastodontes ensevelis dans un bloc de glace.

Dans un grand sac de congélation ou un saladier rempli d'eau, placez quelques dinosaures en plastique (ou autres petits objets) et mettez le tout au congélateur.

Objectif : faire fondre la glace par tous les moyens, afin de découvrir avec plaisir les trésors cachés.

Pour ce faire, vous pouvez proposer aux enfants :

⋆ des cuillères, louches, arrosoirs, éponges...

⋆ de l'eau froide, chaude ;

⋆ du sel.

Aux plus grands, vous pouvez proposer d'autres ustensiles pour casser la glace, comme des petits marteaux ou des couteaux arrondis pour enfants.

Le but est évidemment que l'activité dure un certain temps et que l'enfant cherche à comprendre comment faire fondre la glace.

C'est parti pour une fouille !

52

Se laver comme un grand

Pour devenir autonome, avoir une bonne image de soi et de son corps, il est important d'apprendre à prendre soin de soi. Très tôt, vous pouvez montrer à votre petit enfant comment se laver.

Si possible, installez une bassine à sa hauteur, posée sur un petit meuble ou sur un marchepied, pour que le bambin soit à hauteur du lavabo. Veuillez à ce que le miroir soit bien devant son visage. Placez à proximité et à sa disposition un gant de toilette, un savon ou un flacon pompe, une serviette, un verre, sa brosse à dent et son dentifrice.

Les premiers temps, faite votre toilette ensemble, aidez-le, puis petit à petit laissez-le faire tout seul.

Dans le bain ou la douche, apprenez-lui comment appuyer sur la pompe sans gaspiller de savon.

Montrez-lui comment se laver efficacement et aidez-le à laver certaines partie de son corps comme le dos.

Montrez-lui comment utiliser le pommeau de douche pour se rincer sans inonder la salle de bain.

53

Se laver les mains

C'est l'habitude à prendre le plus tôt possible. Expliquez à votre enfant pourquoi il est important de se laver les mains. Préparez un petit savon, une petite serviette, un accès au robinet à la hauteur de votre enfant.
Les premières fois, prenez le temps de bien lui montrer les gestes : se laver chaque doigt, entres les doigts, le dos et la paume des mains. Puis comment se rincer et s'essuyer avec la serviette.

Conseil

Encouragez votre enfant à se laver les mains régulièrement : avant de passer à table, en rentrant de l'école ou de l'extérieur, après avoir été aux toilettes... Petit à petit, il deviendra de plus en plus autonome.

Dans la maison

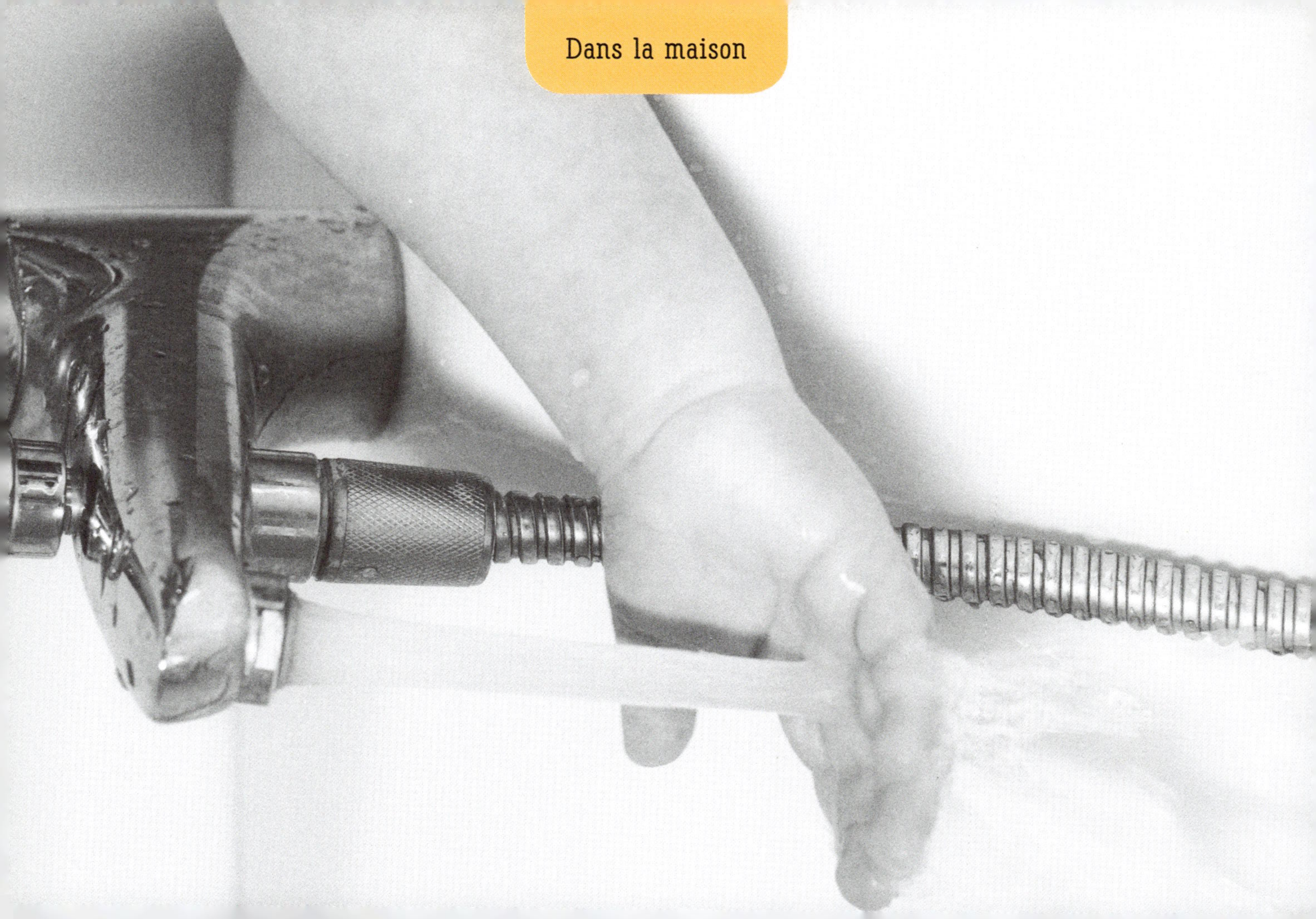

54

Se laver les dents

En apprenant à se laver les dents seul, l'enfant prend confiance en sa capacité à prendre soin de lui-même. C'est aussi protéger son capital dentaire pour de longues années !

Un léger aménagement peut être nécessaire :

* un petit gobelet, * une brosse à dents,
* un dentifrice adapté à son âge.

Ce moment important de la journée est une vraie collaboration. Les premiers temps, vous ferez le brossage, mais dès que sa coordination main-bouche sera opérationnelle, vous pourrez vous brosser les dents en même temps que lui.

Montrez-lui bien comment procéder, puis laissez-le faire seul, tout en laissant votre main sur la sienne pour le guider. Pour finir, rincez.

Astuce

Vous pouvez aussi chanter une petite comptine pour l'encourager. Utilisez un sablier pour que le petit se cale sur le temps de brossage tout en jouant.

55

Suivre un petit poisson des yeux

Cette activité est très relaxante. Dès les premiers mois, vous pouvez placer votre enfant devant un aquarium. Il va regarder le poisson nager. C'est également un bon entraînement pour l'aider à suivre des yeux un objet et à se concentrer quelques instants.

Variante

Faites évoluer l'activité peu à peu, en fonction de son âge. Apprenez-lui les couleurs (le poisson est rouge) et le vocabulaire (nageoires, branchies...). Apprenez-lui à nourir l'animal et à s'en occuper.

Astuce

Si vous n'avez pas d'aquarium à la maison, vous pouvez vous rendre dans une animalerie, un aquarium public... Certains centres aquatiques proposent même de toucher les poissons. Quelle expérience !

56

De la buée sur les vitres

Lorsqu'un peu de buée apparaît sur les vitres, c'est quasiment inévitable : votre enfant va en profiter pour y exprimer sa créativité, ses petits doigts vont dessiner des formes de toutes sortes. Alors pourquoi ne pas en profiter pour jouer avec lui avant de relaver les vitres ? Soufflez sur la vitre pour faire de la buée : Aaaa, Oooo... avec une expiration longue et lente. C'est une excellente façon de l'apaiser et de l'aider à se concentrer. Vous pouvez expérimenter le rire du père noël (Ho ho ho), puis dessiner un joli cœur pour lui montrer votre amour.

Astuce

Vous pouvez également lui proposer de souffler sur un petit miroir, ou directement sur sa main afin de sentir l'air. Faites-lui remarquer que lorsque que la main est proche de lui, l'air est chaud et que plus il l'éloigne, plus celui-ci devient froid.

57

Regarder la pluie tomber

Que faire les jours de pluie quand les enfants commencent à être très énervés et qu'il est temps de les calmer ?
Installez-vous confortablement ou approchez-vous d'une fenêtre. Regardez les gouttes de pluie couler sur la vitre de la maison. Invitez-le à les suivre avec le doigt. Écoutez le bruit de la pluie qui claque sur la vitre, qui coule dans la gouttière ou qui tombe sur le toit.
Vous pouvez également regarder le ciel et trouver d'où la pluie vient, observer sa couleur, la forme des nuages et vous inventer des histoires. Soyez créatif !

Astuce

Proposez à votre enfant de dessiner la pluie, les gouttes d'eau, le ciel et les nuages. Demandez-lui de vous dicter et dessinez pour lui s'il est encore trop petit pour le faire lui-même.

58

Écouter les bruits de l'eau

Voici un petit jeu rigolo pour développer la concentration, l'ouïe et affiner les perceptions du petit enfant, dont tous les sens sont en éveil.
Choisissez un moment calme et demandez à votre enfant de faire le silence (le jeu « Le roi du silence » fonctionne très bien).
Téléchargez et écoutez quelques sons de la nature sélectionnés sur Internet : cascade, ruisseau, goutte qui tombe, pluie, vague, fracas de vagues sur les rochers, neige, orage, chasse d'eau, robinet, saut dans l'eau...
Tous ces sons sont à découvrir et/ou à deviner. Certains amusants, mélodieux ou apaisants, d'autres menaçants.

Variante

Imitez les sons. Vous pouvez demander à votre enfant de fermer les yeux ou d'aller dans la pièce d'à côté. Partez ouvrir un robinet, tirer la chasse d'eau. Puis inversez les rôles afin de lui demander de vous faire deviner à votre tour (montrez-lui au préalable toutes les précautions à prendre afin qu'il ne se blesse pas !)

Notes

Dans la nature

59

Un instant pour soi

Lorsque l'on est parent, il est souvent difficile de trouver un moment pour soi et de s'autoriser un instant de tranquillité et de ressourcement.

Or, plus vous prendrez de temps pour vous, plus vous vous sentirez bien, en phase avec vous-même, et plus vous serez disponible pour les autres, et en particulier pour vos enfants. Alors, cessez de culpabiliser !

La pleine conscience (« mindfulness ») consiste simplement à porter attention au moment présent de façon volontaire et surtout sans jugement.

Partez en balade, à la neige par exemple. Votre bébé va adorer ce moment bien au chaud contre vous, ou dans sa poussette.

Arrêtez-vous ! Faites une pause. Vous pouvez fermer les yeux.

Essayez de respirer doucement. Suivez le mouvement de l'inspiration, suivie de l'expiration, durant quelques cycles seulement (dix par exemple). Sentez la sensation de l'air, du souffle au niveau de vos narines, de votre poitrine, de votre ventre.

Sentez la respiration calme de votre tout-petit blotti contre vous, ressentez sa chaleur.

Observez attentivement ce qui se passe autour de vous, comme si c'était la première fois. Portez un regard neuf à ce paysage. À droite, à gauche. Devant vous, derrière vous.

Soyez attentif aux sons qui vous parviennent, sans chercher à en sélectionner.

Le calme autour de vous, les bruits de vos pas sur la neige.

Touchez : la neige, la poudreuse, la glace. Ouvrez les bras, sentez les flocons tomber sur vos mains ou sur votre visage. Restez dans la sensation.

Durant tout cet exercice, vous prendrez peut-être conscience que votre esprit ne cesse de vagabonder. Si c'est le cas, ramenez-le gentiment à ce que vous êtes en train de faire : regarder, écouter ou toucher. Prenez ce temps aussi souvent que possible et au moins une fois par jour, que ce soit en extérieur ou en intérieur.

Conseil

Pratiquez la respiration calmante durant trois minutes : installez-vous confortablement, fermez les yeux, expirez doucement en vidant le ventre sur six temps, et laissez votre ventre se regonfler naturellement à l'inspiration, sur trois temps.

60

Bébé découvre la neige

À chaque âge ses plaisirs ! Un bébé de 6 mois ne profitera pas de la neige de la même façon qu'un enfant de 4 ans... Initiez son sens du toucher, de l'odorat, du goût, en le laissant explorer ce nouveau monde humide et calme. Assurez-vous toujours que ses vêtements le protègent bien et qu'il reste au chaud. Seul son visage et ses mains peuvent être découverts.

Dès 1 an

Vous pouvez l'installer sur une petite luge très stable munie d'un siège de maintien conçu pour les tout-petits. Vous n'avez plus qu'à le traîner. Il va adorer les joies de la glisse en pente douce.

À partir de 18 mois - 2 ans

Votre bébé appréciera certainement de jouer avec la neige comme il s'amuse avec le sable l'été. Il s'initiera aux bonshommes de neige.

Sachez que la luge, le ski et les balades dans la neige sont fatigants pour les petits. Il est probable que votre enfant tombe de sommeil après l'activité.

61

Balade dans l'eau

Partez avec votre bébé en écharpe ou en porte-bébé pour une marche dans l'eau aux mille vertus : se relaxer, s'oxygéner, soulager les jambes lourdes, se tonifier... Regardez le paysage, ses couleurs, ses formes. Écoutez les différents sons autour de vous : les vagues, les oiseaux, le vent sur les feuilles, peut-être même une cascade si vous êtes en montagne. Humez les odeurs, sentez le soleil chauffer votre visage. Prenez conscience de l'eau sur votre peau, de sa résistance, de ses caresses et de ses massages sur vos pieds, vos jambes, votre ventre...

Astuce

Il existe des écharpes de portage conçues spécialement pour aller dans l'eau. Vous pouvez donc vous immerger jusqu'à la taille et faire profiter à votre bébé des sensations de l'eau, en toute sécurité.
Si votre enfant est plus grand, initiez-le au plaisir de cette relaxation dynamique. Faites-lui prendre conscience de la température de l'eau, des mouvements de celle-ci, des odeurs, du bruit des vagues...

62

Petites gouttes

Installez votre bébé sur une serviette. Avec une petite éponge, des jouets de bain ou un petit brumisateur, faites couler quelques gouttes d'eau sur son corps. Commencez par ses pieds, puis visez ses cuisses, ses mains, son visage, son dos… En même temps qu'il découvre ces nouvelles sensations, décrivez-lui ce qu'il se passe : « L'eau mouille tes pieds, glisse le long de tes jambes, coule sur ta tête » ; « C'est froid », « Cela chatouille »…
Il va adorer !

63

Peindre sur la neige

N'avez-vous jamais remarqué que la neige a ce don très particulier de mettre les enfants dans un état d'excitation extrême ? Alors, pourquoi ne pas les laisser se défouler, exprimer leur créativité, puis se concentrer tout en profitant du grand air ?

Matériel

* des contenants (pipette, bouteille plastique avec vaporisateur ou embout fin) ;
* du colorant alimentaire (attention aux vêtements fragiles), de la peinture à l'eau ou des pastilles effervescentes pour le bain ;
* de l'eau ;
* de la neige.

Plaisir coloré et créativité assurés ! Pensez à prendre en photo leurs chefs-d'œuvre pour les conserver en souvenir.

64

Petite vaguelette

Sous votre surveillance, installez votre bébé assis sur le sable face à la mer. Juste avant que les vaguelettes viennent lui chatouiller les pieds, proposez-lui de replier ses jambes quand la vague arrive, pour que l'eau ne les atteigne pas.

Astuce

Si votre enfant est petit, portez-le et remontez-le quand la vague arrive. Si votre enfant est plus grand, courez en avant et en arrière avec lui. Éclats de rire garantis !

Variante

Voici une petite comptine pour mimer avec vos doigts le mouvement des vagues se rapprochant des pieds de bébé pour les chatouiller :

Les petites vaguelettes
viennent te chatouiller les doigts de pied,
puis s'en vont illico
et reviennent aussitôt.
Guiliguili.

65

Tableau magique

Le contact des grains de sable sur la peau de l'enfant provoque une sensation épidermique qui va lui apporter du calme. Invitez votre enfant à dessiner ou à écrire son prénom sur le sable proche de l'eau. Le dessin sur le sable stimule sa motricité fine et développe son imagination.

La mer va venir effacer le dessin sur son passage. Il peut donc recommencer indéfiniment, simplement et sans frustration, chose essentielle à son épanouissement.

Astuce

N'oubliez pas de prendre en photo ses œuvres préférées avant que la mer ou le vent ne les effacent !

66

Chasse au trésor

Sortir est l'occasion pour votre enfant de faire des découvertes et des explorations, de se connecter à son environnement et à la nature.
En fonction des caractéristiques de votre destination, proposez-lui de faire une petite sélection de trésors à trouver sur place : un coquillage, une étoile de mer, un crabe, des crevettes, des coques, un peu de sable, un galet... Pensez à prendre en photo ce que vous ne pourrez pas rapporter.
Au retour, vous pourrez faire toutes sortes d'activités avec votre butin : peindre sur les coquillages ou les galets, faire cuire et manger les crevettes, retrouver les trésors dans les images sélectionnées...

Astuce

Lors de la sortie, profitez également des expériences sensorielles et ludiques. Prenez le temps de sentir les odeurs, de repérer les traces des animaux, d'écouter les sons de la nature, de sentir et de comparer le contact de vos pieds sur le sable sec ou mouillé...

67

Bataille d'eau

Un grand classique rafraîchissant, aussi amusant pour les enfants que pour les parents.
Utilisez un tuyau d'arrosage, des jouets de bain, un pistolet à eau et/ou des bouteilles à vaporiser bien nettoyées que vous remplirez d'eau. Amusez-vous avec votre enfant à vous arroser. Votre petit peut aussi faire ce jeu avec des copains.
Pensez à apprendre à votre enfant à exprimer ses sentiments et à respecter ses besoins, ses refus ou ses limites. Par exemple : « Je ne veux pas que tu m'arroses les cheveux, je n'ai plus envie que tu me mouilles. »

68

Marcher pieds nus

Laisser pieds nus votre bébé est la meilleure manière de muscler ses petits pieds et ses chevilles. Cela va également lui procurer une multitude d'informations sensorielles, excellentes pour son développement. Il va découvrir des sensations tactiles qui vont l'aider à trouver un bon équilibre, à s'ancrer et à se sentir en sécurité.
Assurez-vous que la surface soit sans risque pour lui, laissez-le découvrir différentes textures en marchant sur l'herbe mouillée, dans la boue après la pluie, sur le sable humide, dans les flaques d'eau...

Astuce

Cette activité est très relaxante pour le parent comme pour les enfants. Prenez, vous aussi, conscience durant quelques instants de ces sensations nouvelles sous vos pieds et de ce que cela vous procure.
Puis, ensemble, échangez vos ressentis.

69

Peinture nature

Lors d'un après-midi ensoleillé, invitez votre enfant à peindre sur toutes les surfaces qu'il va trouver : balcon, terrasse, murs extérieurs de la maison, arbre, trottoir... Il vous faut seulement un récipient d'eau, dans lequel votre enfant pourra tremper des pinceaux, des éponges, une branche avec des feuilles ou tout simplement ses mains.
C'est l'activité parfaite pour exercer sa créativité. Observez ensemble les matières, les couleurs et les textures changer au contact de l'eau. Votre enfant sera émerveillé de voir son chef-d'œuvre disparaître en séchant avec la chaleur.

70

Sortir sous la pluie

Même par temps pluvieux, allez dehors avec votre enfant ! Cela va lui permettre de se rapprocher de la nature, de se décharger de ses tensions, de lui faire prendre conscience de son environnement et, accessoirement, de prendre beaucoup de plaisir en sautant dans les flaques d'eau !
Dehors, une multitude d'activités s'offrent à vous. Soyez créatif et osez, vous aussi, retomber en enfance durant quelques instants.

Astuce

Passez, sautez, dansez dans les flaques.
Penchez ensemble la tête vers le ciel, tirez la langue pour sentir les gouttes s'y déposer, sentez-les glisser sur vos visages, sur vos mains. Regardez la pluie tomber dans les flaques et observez les formes qui s'y dessinent.
Faites flotter des feuilles dans les mares et suivez-les pour voir jusqu'où elles se dirigent.

71

Taper dans l'eau

Après une forte pluie, les enfants n'ont qu'une hâte : sortir jouer avec l'eau.

Proposez à votre enfant de faire de la musique, de taper sur une table mouillée, et, au sol, de frapper l'eau avec ses mains, des bâtons, ses pieds... Cela lui permettra de développer sa force et sa motricité. Pour le bébé, ce jeu va aussi l'aider à comprendre le lien entre ses gestes quand il tape l'eau, et leur effet, quand l'eau fait du bruit et éclabousse.

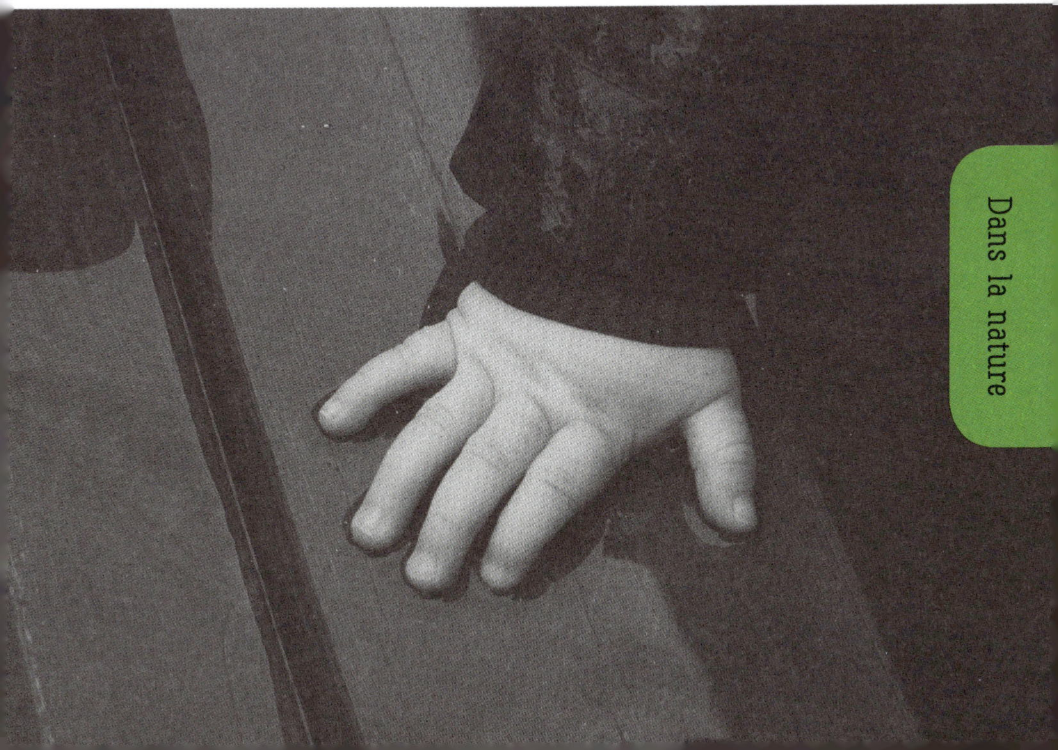

72

Récupérer l'eau de pluie

Initiez votre enfant à l'écologie tout en s'amusant. Mettez un bol, un saladier, une bassine sur le rebord de la fenêtre, sur le balcon ou dans le jardin afin de récupérer l'eau de pluie. Vous pourrez ensuite lui proposer un grand nombre d'activités avec cette récolte : arroser les fleurs, nettoyer la maison, laver la voiture...

73

Tordre des éponges

Confiez à votre enfant une éponge naturelle et une grande cuvette. En tordant les éponges pour faire sortir l'eau, il va renforcer ses petites mains et stimulera son sens du toucher. Un jeu simple et sans danger, qui l'occupera un moment !

Astuce

Proposez-lui de nettoyer le sol, la terrasse ou le balcon.

74

Laver la voiture

Laver la voiture peut être une corvée pour les parents, mais une activité très amusante pour les enfants. Voici comment rendre ce moment plaisant en compagnie de votre enfant. Prévoyez une tenue adaptée selon le temps (maillot de bain ou imperméable). Une éponge, de l'eau savonneuse et, le must, un tuyau d'arrosage.

Tout d'abord, montrez-lui les gestes à effectuer. Vous pouvez laver le haut de la voiture et lui réserver le bas. Votre petit sera ravi de voir mousser le savon lors du passage de l'éponge. Puis viendra le plaisir du rinçage. Soyez prêt à lui donner le tuyau d'arrosage pour qu'il puisse jouer à l'apprenti pompier. Et terminez en vous arrosant tous les deux si le temps le permet !

Astuce

Pour limiter le gaspillage, essayez d'utiliser de l'eau de pluie préalablement récupérée.

75

Donner un bain à ses jouets

Les petits adorent imiter l'heure du bain avec leurs poupées. Fille ou garçon, laissez votre enfant devenir la maman (ou le papa) pendant quelques minutes. Remplissez une cuvette d'eau froide ou tiède, donnez-lui une petite éponge, un gant et mettez un peu de savon.

Votre enfant reproduira probablement certains de vos gestes, et chantera peut-être même à sa poupée une chanson s'il est habitué à vous entendre chanter pour lui.

Une fois la poupée propre, proposez-lui de l'enrouler bien au chaud dans la serviette.

Préparez-vous à vivre un moment plein d'émotions, qui va, de plus, l'aider à développer sa motricité fine, lui apprendre à prendre soin de soi et des autres et à identifier les différentes parties du corps.

Variante

Laver d'autres jouets : les vêtements de la poupée, ses petites voitures, sa dînette...

76

Petit bateau en coque de noix

Fabriquer des petits bateaux et leur faire faire une course en soufflant doucement dessus.

Il vous faut :

* quelques noix ;
* des cure-dents ;
* des petits papiers colorés ou à décorer ;
* une bougie.

Ouvrez les noix, faites fondre la bougie dans la coque et plantez-y le bâtonnet. La cire va refroidir et permettre au petit mât de tenir.
Profitez-en pour explorer le vocabulaire (mât, coque...) et jouer au jeu du « ça flotte ou ça coule ? ».

77

Jouer avec la boue

De nombreux parents pensent encore que protéger la santé de leur enfant passe par l'aseptisation de leur lieu de vie. Nous sommes pourtant nombreux à le laisser s'exprimer lors de patouilles dans la boue et autres gratouilles dans la nature... Les dernières recherches scientifiques prouvent que le temps passé dans la nature, au contact de ces microbes, apporte de nombreux bienfaits pour la santé des enfants.

Tout comme les adultes, l'enfant a besoin des bactéries, avec lesquelles le corps humain sait construire un écosystème local utile pour renforcer le système immunitaire.

Jouer dans la boue va également lui permettre d'explorer de longues minutes de nouvelles textures, de transvaser, de patouiller, d'écraser, de mélanger... Une vraie stimulation sensorielle et motrice ! Et qui se nettoie d'un simple coup d'eau.

78

Petit potager

Jouer au jardinier ensemble est un moyen ludique et efficace d'expliquer à votre enfant le fonctionnement du cycle de la nature.
En automne, invitez-le à ratisser les feuilles tombées des arbres.
À la fin de l'hiver, à travailler la terre.
Au printemps, à arroser et à désherber le jardin.
En été, à cueillir les fruits et les légumes mûrs et à les déguster en famille.

Astuce

Fabriquer un petit potager est tout à fait possible, même en ville. Vous pouvez aussi vous contenter de faire pousser quelques herbes aromatiques.
Si vous n'avez pas la chance de disposer d'un espace personnel pour jardiner, renseignez-vous auprès d'associations qui proposent des jardins à partager.

79

Petit jardin

Proposez à votre enfant de faire pousser quelques fleurs.
Apprenez-lui à planter des graines
dans des petits pots, à s'en occuper, à les arroser
et à observer leur germination et leur pousse.
À la percée des premières tiges, proposez-lui
d'en choisir quelques-unes pour les offrir à maman
ou les mettre dans la maison.

Astuce

Expliquez-lui comment les couper avec un sécateur.
En rentrant, il pourra les placer lui-même dans un vase,
puis s'en occuper régulièrement, en recoupant les tiges
et en changeant l'eau.
Toutes ces activités pratiques connectent l'enfant
à la nature et l'habituent à en prendre soin.

80

Chercher l'eau de source

Boire de l'eau de source autrement que dans des bouteilles en plastique achetées en magasin, c'est possible, même en ville. Partez à la recherche des puits artésiens ou des sources naturelles. Chacun pourra y faire le plein d'eau. C'est un excellent moyen d'expliquer à votre enfant d'où vient l'eau naturelle et de découvrir des lieux différents, dans sa région ou ailleurs.

Astuce

Si vous souhaitez rapporter de cette eau à la maison, utilisez un récipient en verre et ne la gardez pas plus de 24 à 48 heures.

Attention ! La consommation régulière de certaines eaux ne convient pas aux tout-petits, car elles peuvent être naturellement riches en fer et en fluor. Renseignez-vous.

81

Partir à la recherche de l'eau

L'eau tient une place particulièrement importante dans notre vie. On la retrouve dans de nombreuses activités humaines : boire, se laver, nettoyer, arroser, se baigner...
Partez avec votre enfant explorer les pièces de la maison et repérez les différents points d'eau et son utilisation : la douche, la baignoire, l'évier, le lavabo, les toilettes, les bouteilles, le réfrigérateur et le congélateur, le lave-linge et le sèche-linge...
Puis à l'extérieur, la gouttière, le caniveau, la pluie, la mer, la piscine, la neige, l'étang, les flaques d'eau.
Enfin sur nous, la transpiration, le pipi...

Astuce

Aborder le circuit de l'eau : la provenance de l'eau du robinet, les différents usages de l'eau et son importance... Montrez-lui que l'eau est un bien précieux, et pourquoi et comment y faire attention et l'économiser.

Notes

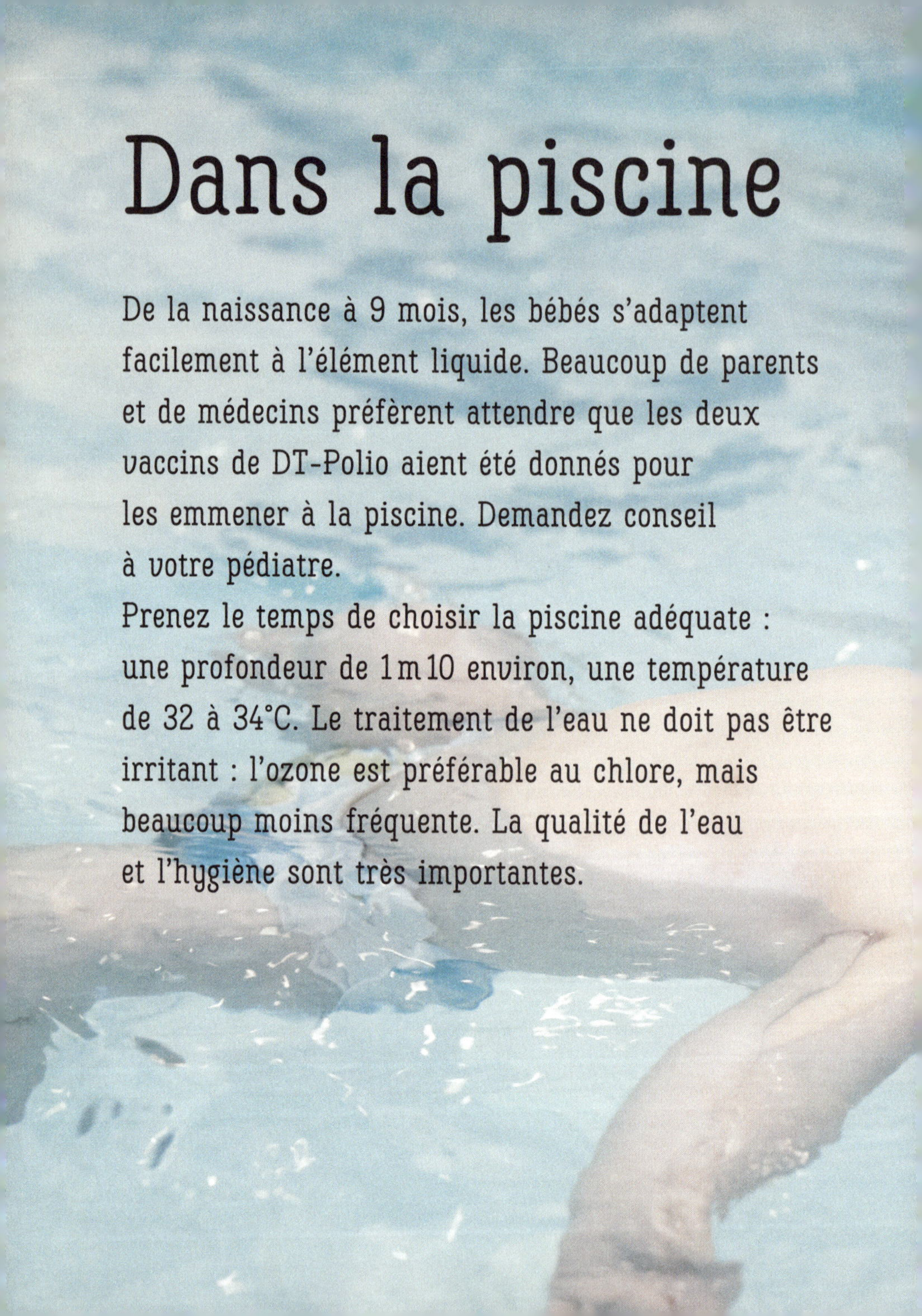

Dans la piscine

De la naissance à 9 mois, les bébés s'adaptent facilement à l'élément liquide. Beaucoup de parents et de médecins préfèrent attendre que les deux vaccins de DT-Polio aient été donnés pour les emmener à la piscine. Demandez conseil à votre pédiatre.

Prenez le temps de choisir la piscine adéquate : une profondeur de 1 m 10 environ, une température de 32 à 34°C. Le traitement de l'eau ne doit pas être irritant : l'ozone est préférable au chlore, mais beaucoup moins fréquente. La qualité de l'eau et l'hygiène sont très importantes.

82

Première fois en piscine

Même si votre bébé est familiarisé avec l'eau, la découverte de la piscine peut engendrer une palette d'émotions. Soyez attentif à ses besoins et prenez le temps qu'il faut pour le rassurer et le détendre. Une fois dans l'eau, tenez votre bébé contre vous. Assurez-vous que l'eau lui arrive au moins à la moitié du corps. Détendez vos épaules et vos bras. Quand vous vous sentez prêt, baissez-vous pour que l'eau atteigne ses épaules ou son cou. Relâchez de plus en plus le maintien afin que votre bébé se sente soutenu, mais pas porté. Cette immersion jusqu'au cou permet au bébé de se sentir flotter dès le départ. Cela lui donnera la possibilité de s'imprégner et de s'habituer aux nouvelles sensations corporelles procurées par l'eau.

83

Immersion et balancement

Bouger est essentiel quand vous êtes dans l'eau. Soutenez votre bébé, une main sous les fesses, l'autre supportant sa tête et son cou s'il ne la tient pas encore. Plongez-le dans l'eau et ressortez-le. Renouvelez plusieurs fois ce mouvement. Si votre bébé apprécie, amplifiez le mouvement et balancez-le au rythme de votre respiration, dans un mouvement fluide et rythmé du corps, comme une danse. Vos gestes doivent rester fermes, rassurants mais détendus. Petit à petit, vous serez plus confiant.

Astuce

Les immersions et les balancements sont très efficaces pour calmer votre bébé dans l'eau durant les six premiers mois. Les mouvements de l'eau bercent, massent, caressent, enveloppent le petit corps de votre bébé et vos bras lui apportent sécurité et amour. Communiquez constamment par le regard, parlez-lui pour le rassurer, restez attentif à ses réactions et à ses expressions.

84

Flotter sur le dos

Placez votre bébé en position dorsale. Une main sous sa tête, l'autre sous ses fesses. Pour que son corps reste bien aligné, votre bébé doit avoir de l'eau jusqu'au-dessus des oreilles. Les bébés de plus de 5 mois essaient souvent de s'asseoir : c'est le réflexe de redressement. S'il refuse de rester sur le dos, ne le forcez pas et réessayez quelques semaines plus tard.
Retirez doucement votre main de sous ses fesses, en laissant l'autre sous sa tête. Cette seule main de soutien lui permettra de flotter plus librement.
Vos mains doivent être détendues. Relâchez bien vos épaules et vos bras. Balancez-le doucement : plus il sera détendu, plus il flottera. Câlinez-le et félicitez-le.

Astuce

En reculant dans l'eau, créez un courant qui va aider votre bébé à garder ses jambes à la surface. Quand il remuera activement, retirez peu à peu votre main pour le laisser flotter sans soutien. Prenez soin de la laisser dans l'eau, juste sous sa tête.

Dans la piscine

85

Flotter et se relaxer en famille

Profitez de la relaxation mutuelle dans l'eau pour renforcer le lien parents-enfant. En flottant ensemble, vous allez créer une association de plaisir, d'intimité et de sécurité. Votre bébé sera à la fois calme et éveillé. En sécurité dans les bras de papa, la maman s'installe confortablement, sa tête soutenue par l'épaule de son conjoint. Il est possible de placer une planche sous le bas de son dos, ou une frite au creux de ses genoux pour accentuer la relaxation. Le bébé sera posé au niveau de sa poitrine, en position dorsale. Laissez-vous bercer, caresser par les mouvements de l'eau. Appréciez le contact de la peau de votre bébé contre vous, respirez calmement.

Astuce

Cette relaxation peut être effectuée seule avec votre bébé. Le soutien de la planche au creux de votre dos ou une ou deux frites sous votre tête et vos bras peuvent vous aider à vous sentir plus en sécurité.

86

La position de sécurité

Votre main dominante se place sous les fesses de bébé comme une assise, l'autre passe sur sa poitrine et encercle sans serrer, du pouce et de l'index, le bras opposé. C'est ce qu'on appelle la prise de sécurité. Cette position de base va permettre une grande liberté de mouvement, tout en sécurisant votre bébé. Elle va également le préparer à nager sur le ventre et à stimuler la plupart des réflexes de natation, en particulier les coups de pied. Votre bébé doit se pencher vers l'avant sur votre bras. Déplacez-le dans l'eau, plus ou moins proche de votre corps. Vous pouvez faire un tour sur vous-même, puis, si vous vous sentez à l'aise, levez-le en l'air et abaissez-le à nouveau dans l'eau près de vous.

Conseil

En tenant votre bébé en prise de sécurité, vous allez pouvoir encourager ses mouvements. Lorsque vous vous sentirez en confiance, retirez la main qui soutient ses fesses. Vous lui offrirez une plus grande liberté de mouvement.

87

Les guerriers

De nombreuses postures d'aqua yoga pratiquées durant la grossesse font partie de l'entraînement postnatal. Elles ont pour objectif de refermer et de restructurer le corps après l'accouchement. Elles peuvent être réalisées avec ou sans bébé. Effectuée avec votre enfant, la « posture du guerrier » vous apportera force et tonus qui seront communiqués à votre bébé.

Ancrez-vous solidement dans votre bassin, un pied en avant et genou plié pour avoir une base solide. En partant de la prise de sécurité, tenez votre bébé contre vous, regard vers l'extérieur. Il doit avoir son corps dans l'eau, seule la tête dépasse. Pratiquez des mouvements d'aller et retour avec votre bébé. Au début, vous le soulèverez très peu de votre corps. Petit à petit, vous pourrez le monter plus haut, de façon plus dynamique et sans effort puisque ses muscles dorsaux lui permettront de se tenir droit.

Pensez à changer de jambe régulièrement et respirez toujours calmement et profondément durant les mouvements.

88

L'ouvrir vers l'extérieur

Avec un peu d'entraînement, vous pourrez élargir la prise de sécurité en enlevant la main placée sous les fesses de votre bébé, tout en le soutenant en continu avec le bras passant sur sa poitrine. Pensez toujours à bien relâcher vos épaules !
Votre bébé doit garder son ventre dans l'eau et son visage doit être juste au-dessus de la surface. Tendez le bras devant vous et effectuez un large demi-cercle. Vous pouvez faire un tour sur vous-même afin d'effectuer un cercle complet. Ce mouvement va permettre à votre bébé de s'éloigner de votre corps et commencera à l'habituer à se sentir à peine soutenu, pour nager par la suite.
Vers 6 mois, vous pourrez placer une balle devant lui et l'encourager à se propulser vers l'avant pour l'attraper. La balle va encourager les mouvements des bras. Les bébés adorent ça !

89

Ballons d'eau

La piscine est aussi un lieu de jeux. Remplissez des ballons gonflables avec de l'eau pour que votre enfant s'amuse à les transporter et à vous les lancer. Ça bouge, ça tremble et c'est mou : il lui faudra mobiliser beaucoup de concentration et d'agilité. Rires garantis !

Astuce

Vous pouvez également gonfler les ballons sans les remplir d'eau et jouer avec votre enfant à les attraper. N'oubliez pas de jeter immédiatement les morceaux de ballons crevés.

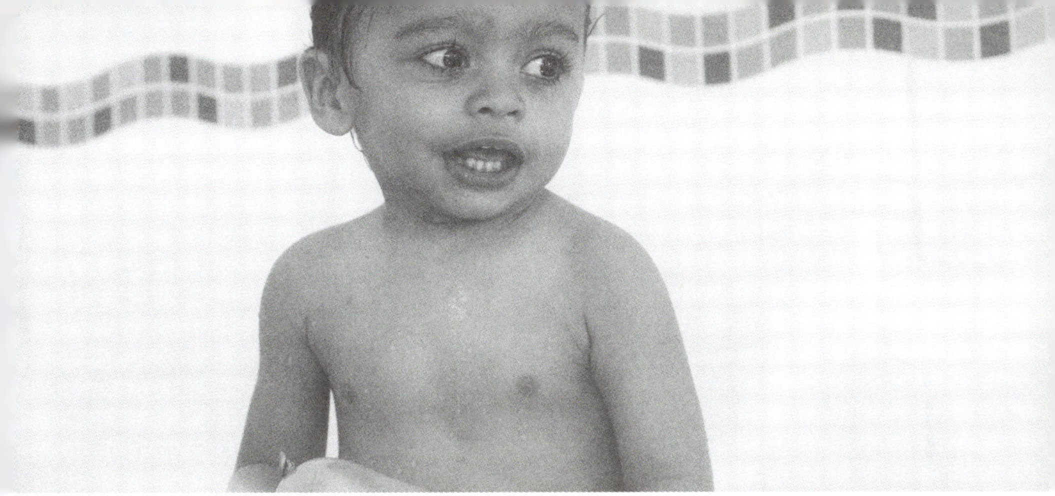

90

Rencontre entre bébés

La socialisation et l'éveil des enfants font partie des principales vertus attribuées à la piscine. Balancez votre bébé, bien calé dans vos bras, face à d'autres bébés. Ce mouvement est très proche de celui du guerrier (voir activité 87), à la différence que le bébé sera positionné plus horizontalement.

En face à face ou en cercle avec les autres familles, maintenez fermement votre bébé, et alternez les mouvements d'éloignement et de rapprochement en direction des autres bébés. Agrandissez le geste de toute la longueur de votre bras, puis soulevez votre bébé lorsqu'il se rapproche des petits copains. Ces mouvements synchronisés avec ceux des autres parents constituent généralement un pur moment d'émotion et de joie pour tous.

91

Cheval aquatique

Vous allez tous deux goûter au plaisir du rodéo. Montez à califourchon sur la frite en mousse, placez votre bébé devant vous, la frite entre ses jambes. Commencez par faire des petits sauts pour rebondir et parcourez ainsi la piscine. Cet exercice va permettre à votre enfant à apprendre l'équilibre.

Le petit plus pour les mamans : si vous souhaitez solliciter vos jambes, le pédalage et le rétropédalage peuvent contribuer à leur tonification.

Astuce

Lorsque votre enfant sera en âge d'apprendre la nage – sinon vous pouvez lui mettre des petits brassards –, proposez-lui de faire une course de frite, à laquelle évidemment vous allez participer.

À chacun sa frite en mousse, c'est parti pour la course ! Placez-vous à cheval sur la frite. Pour avancer, il suffit de ramer avec les bras, mais attention, votre monture peut s'échapper... Ce jeu est un excellent moyen pour votre enfant de maintenir son équilibre, tout en s'entraînant à ramer.

92

Apprendre à se tenir

Vous avez expérimenté les façons de tenir votre bébé. Vous pouvez maintenant lui apprendre à s'accrocher seul à une frite. C'est une étape importante pour lui afin qu'il accepte d'être dans l'eau, seul, sans contact physique avec vous. Respectez toujours son rythme d'apprentissage.

Placez la frite sous la poitrine de votre bébé. Ses bras doivent reposer dessus. Stabilisez-le en plaçant vos mains de chaque côté de ses bras ou sur ceux-ci s'il est encore trop petit. Marchez pour vous déplacer tous les deux. Félicitez votre bébé de ses progrès, aussi modestes soient-ils.

Astuce

Vous pourrez ensuite effectuer un déplacement ensemble en pratiquant quelques mouvements de brasse avec vos jambes, tout en tenant votre bébé accroché à la frite devant vous.

93

Attraper des objets dans l'eau

Alors que votre enfant était comme un poisson dans l'eau, il refuse soudainement de vous rejoindre dans le bassin, et préfère rester sur le bord et jouer. Pas de panique. Sa progression se fera petit à petit. Il peut avoir été effrayé par un bruit, ou par un mouvement brusque…. Une crainte de l'eau peut également surgir vers 1 an. Proposez-lui alors de rester au bord ou dans la pataugeoire avec quelques ustensiles (arrosoir, seau…). Vous pouvez également lui mettre quelques jouets de bain, flottants ou non, afin qu'il les attrape lui-même au fond de l'eau. Patience ! Il reprendra vite plaisir aux autres activités aquatiques.

94

S'arroser, s'éclabousser

Les jeux d'aspersion permettent une excellente approche de l'immersion.
Commencez par vous arroser vous-même pour lui montrer, puis mouillez les mains de votre bébé.
Laissez-le explorer ces nouvelles sensations, toucher l'eau qui coule, observer les mouvements, les scintillements... Faites-lui taper dans l'eau pour éclabousser. Petit à petit, arrosez-lui la tête avec un petit arrosoir ou un seau à trou, ce qui stimulera le réflexe de blocage de sa respiration.

1,10 m

95

Première immersion

Le nourrisson de moins de 5 mois possède deux réflexes :

- la nage : dans l'eau, il va agiter les bras et les jambes pour nager ;
- l'apnée : il retiendra sa respiration et ouvrira spontanément les yeux. Sachez que ce reflexe sera aussi stimulé si vous lui soufflez doucement au visage.

Submerger un bébé est tout à fait possible. Il est même parfois plus difficile de commencer plus tard.

Avant de commencer, montrez-lui d'abord ce que vous allez faire en plongeant vous-même la tête dans l'eau. Signalez verbalement à votre bébé que vous allez plonger en le regardant dans les yeux : « Un, deux, trois, on y va ! » Prenez votre souffle, fermez la bouche. Soulevez votre bébé hors de l'eau et plongez-le sans hésiter dans un mouvement assuré et régulier. Comptez jusqu'à trois et ramenez-le aussi calmement que possible à la surface. Souriez-lui et faites-lui un câlin bien mérité.

Deux ou trois immersions sont suffisantes lors d'une séance.

Conseil

Évitez d'appuyer sur les mains de votre bébé quand il est en submersion. Il risquerait d'ouvrir la bouche automatiquement et d'avaler de l'eau. Soyez détendu ! Sachez que les bébés apprécient plus que les adultes les plaisirs de la plongée. Attention : l'immersion ne doit pas être forcée : si votre enfant refuse, n'insistez pas.

96

Premier plongeon

Progressivement, dans vos bras ou avec l'aide du personnel encadrant, votre bébé découvrira les joies de la plongée. Les plongeons le prépareront à nager plus tard de façon souple et efficace.

Positionnez-vous avec votre conjoint, l'un en face de l'autre. Tenez votre bébé sous les bras, penchez-le légèrement pour le préparer à plonger. Prévenez-le afin qu'il ne soit pas surpris. Utilisez le code de fermeture : « Un, deux, trois, go ! » et poussez-le, doucement mais fermement, vers votre partenaire.

Au départ, passez-le de mains en mains, puis, au fur et à mesure, augmentez la distance. Remontez-le doucement, félicitez-le et câlinez-le. Durant tout ce temps, veillez à ce que vos gestes soient le plus calmes et le plus contrôlés possible.

97

Plonger de face

Maintenant que vous et votre bébé êtes à l'aise avec la plongée, c'est le moment de prendre du plaisir à glisser sous l'eau ensemble.
En position debout, tenez votre enfant sous les bras, son regard face à l'extérieur. Tournez-le quelques instants pour le prévenir que vous allez plonger, en utilisant le code de fermeture. Immergez-vous tous les deux. Repoussez le mur avec vos pieds pour vous donner de l'élan, glissez sous l'eau quelques instants et remontez doucement à la surface.

Conseil

Si votre enfant montre des signes de fatigue et ne semble plus apprécier les plongeons, n'hésitez pas à arrêter quelques mois et reprenez plus tard.
Les immersions ne doivent jamais être forcées.

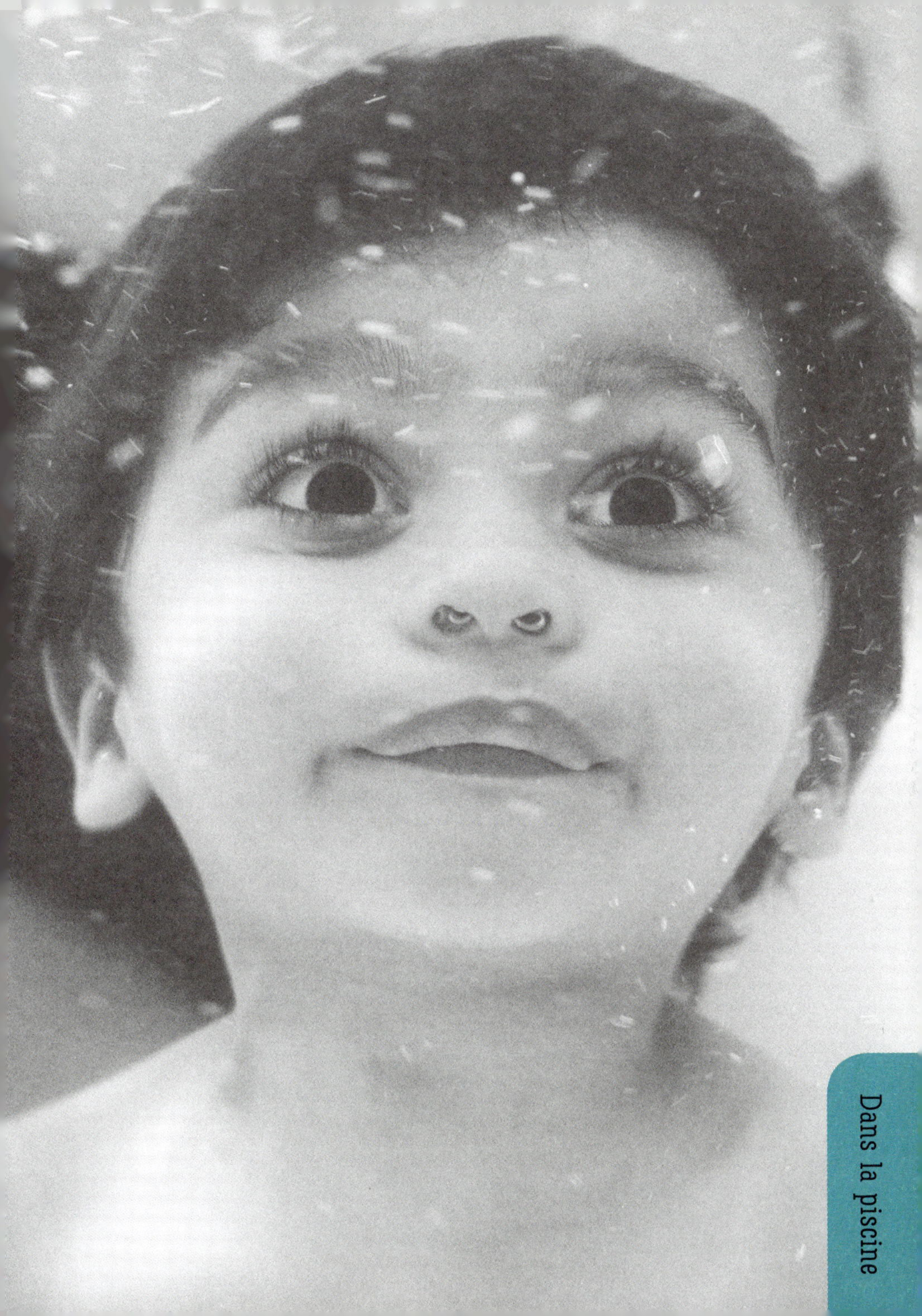

98

Sauter du rebord

Sauter du bord de la piscine en position assise peut être une bonne solution pour les enfants qui ont besoin de se sentir en confiance avant d'aller sous l'eau. Invitez-le à sauter dans l'eau, par la parole et le regard. Le mettre en confiance est très important. Encouragez votre enfant à venir vous rejoindre en se laissant tomber dans l'eau. D'abord, en le tenant sur le côté : il se penche en avant, et plouf ! Rattrapez-le quand il touche l'eau. Puis en se jetant dans vos bras, et enfin... tout seul, en éclaboussant partout ! Il se peut même que cela devienne l'un de ses jeux préférés !

99

Concours de bulles

Vos enfants découvrent peut-être un peu plus tardivement les joies de l'eau. Les exercices suivants vont leur permettre de se familiariser avec l'expiration dans l'eau, de se détendre davantage et d'être plus à l'aise en immersion.

Placez-les dans un endroit où ils auront de l'eau jusqu'à la poitrine. Face à face, les mains tenant une frite, ils vont pouvoir faire des bulles en expirant le plus longtemps possible par la bouche, par le nez (ou par les deux).

Petit à petit, ils pourront immerger leur visage en regardant vers le fond du bassin. Invitez-les à souffler doucement et progressivement et incitez-les à se redresser complètement avant d'inspirer à nouveau.

Proposez-leur ensuite de recommencer en se laissant flotter sur le ventre l'un après l'autre.

Astuces

Deux idées (à pratiquer sous l'eau) pour rendre ce moment plus ludique.

- Par deux : l'un crie un numéro entre un et dix, l'autre doit le comprendre.
- L'un chante et l'autre doit reconnaître la chanson.

100

Attraper des objets sous l'eau

Lorsqu'il a 2 ans, vous pouvez commencer à partir ensemble à la chasse au trésor. Votre enfant est en âge de porter des petites lunettes de natation. Cela lui permettra de ne pas avoir les yeux irrités si la piscine est chlorée, et de l'aider à voir ce qu'il y a au fond de l'eau. Après y avoir jeté un objet lesté, plongez ensemble dans l'élément liquide, en tenant votre enfant sur le côté. Il est possible qu'il atteigne l'objet avant vous. Si ce n'est pas le cas, aidez-le en le plaçant dans sa main. Tout en remontant ensemble à l'air libre, expirez petit à petit. Une fois à la surface, votre enfant sera fier et ravi de vous montrer le trésor qu'il a attrapé ! Bravo !

Perrine Alliod est maman de deux enfants, sophrologue, professeur de yoga, d'aqua yoga et d'éveil aquatique pour bébé, spécialisée en périnatalité et en parentalité. Elle travaille au quotidien avec les femmes enceintes, les nouveaux parents, les bébés et les enfants. Elle collabore avec les professionnels de la santé et de la petite enfance. Elle forme aux techniques de relaxation, de yoga et de développement de la motricité des enfants. Elle fait partie de l'association internationale Birthlight, dont le but est de promouvoir le bien-être des familles, de la conception à la petite enfance, sur la terre ou dans l'eau.

Son site : www.perrinealliod.com
et www.mamanbebe-relax.com

Maman de deux enfants et photographe depuis quinze ans, Anne-Sophie Bost s'est spécialisée dans l'univers des enfants et des bébés. Que ce soit pour la publicité, l'édition, la presse ou de vraies familles, elle privilégie les lumières naturelles, observe, met en scène et se laisse surprendre par un fou rire, une émotion ou un geste simple, qui devient alors un moment de grâce.

Commercial :

www.annesophiebost.fr

Particuliers :

www.annesophiebost-foryou.com

Bibliographie et adresses

Françoise Freedman

- *Aqua yoga, Exercices aquatiques pour la grossesse*, La Martinière, 2002.
- *Bébés nageurs, Apprenez à votre bébé le plaisir de flotter, le plaisir de nager*, La Martinière, 2002.
- *Le yoga pendant la grossesse et après la naissance*, Pearson Pratique, 2006.

Catherine Potel

- *Le corps et l'eau*, Eres, 2009.
- *Parents et bébés dans l'eau*, Eres, 1999.

Isabelle Gambet-Drago

- *Ma leçon de massage avec bébé : de la naissance à 6 ans*, Eyrolles, 2015.

Catherine Gueguen

- *Pour une enfance heureuse*, Robert Laffont, 2014.
- *Vivre heureux avec son enfant*, Robert Laffont, 2015.

Ashley Montagu

- *La peau et le toucher, un premier langage*, Seuil, 2014.

Fédération des activités aquatiques d'éveil et de loisir

- *Les bébés à la piscine, une source d'éveil*, FAAEL, 1995.

Trouver un cours...

- Association Birthlight : www.birthlight.com
- Fédération des activités aquatiques d'éveil et de loisirs : www.fael.asso.fr
- Centre de périnatalité et de la femme : www.la-source-asnieres.fr

Remerciements

Merci à Anaël, Léonie, Wira, Sura, Mathis, Coline, Chloé, Alexis, Esteban, Eden, Salomé et Sacha qui nous ont largement inspirées, Anne-Sophie Bost et moi-même, pour la conception de ce livre.

Merci à mes parents, mon frère, mon mari, mes enfants, pour tous les moments de joie, de tendresse, d'amour partagés autour de l'eau depuis mon début de vie in utero.

Merci à Astrid Desbordes, Laurence Ningre, Catherine Piraud-Rouet pour leur confiance et leur soutien, et pour avoir permis à ce livre de voir le jour.

Merci à Anne-Sophie Bost pour ses superbes photos pleines de douceur et d'âme.

Merci à Françoise Freedman pour l'écriture de la préface de ce recueil ainsi que pour son immense confiance, ses enseignements et son amitié.

Merci à Isabelle Gambet-Drago, Dominique Leyronnas et Gilles Diederichs pour leurs enseignements, leurs encouragements, leur confiance et leur soutien précieux.

Merci, enfin, à tous les parents et les enfants qui se sont si gentiment prêtés à nos (longues) séances photo : Salomé, Sacha, Baptiste, Soren, Evan, Lola, Roméo, Maelle, Janaya, Issa, Noah, Adam C., Margaux, Gabriel, Jeanne, Ernestine, Côme, Eileen, Adam M., Wira, Sura, Manon, Arthur, Ines, Olivia.

Merci à la piscine de Levallois-Perret (Hauts-de-Seine) de nous avoir accueillies pour la réalisation de certaines photos de cet ouvrage.